超譯

思考致富

THINK
& GROW
RICH

致富始於思考 心態決定境界
一念足以改變人生

葉俊傑 著

非凡出版

目　錄

前　言

如何思考致富？運用《思考致富》心法實戰。

作者葉俊傑從拿破崙・希爾博士（Dr. Napoleon Hill）於 1937 年出版的 "Think & Grow Rich" 一書中整理及總結得來的成功學心法為藍本，融合《思考致富》十六式及現代例子加以詮釋，出版全新著作《超譯思考致富》，助你了解甚至提升財富思維，達到收入翻倍效果，進一步實踐致富之道。

作者介紹

葉俊傑 Arthur

著名企業家、教育家、實用心理學導師，擁有近三十年的豐富營商及企業管理經驗，其專業背景源於 2003 年跟隨世界知名的臨牀心理學家顧修全博士深造心理學。自 2008 年起，葉俊傑先生致力於教育事業，創立了希爾商學院，透過開創性的教育模式，注重貼地實戰和應用，至今已為逾三萬學員帶來實際積極的影響。憑藉教學方面的天賦和熱情，葉俊傑先生的課程涵蓋了心理學、企業管理學和財富管理學等多個領域，培養了眾多學生。其教學風格深受學生歡迎，被廣泛認為具有啟發性和深遠的影響力。

作為一位教育家，葉俊傑先生的影響力不僅限於教育領域，更延伸至社會公益事業，於 2016 年成立了「以勒行動」，致力於幫助貧困地區的人們。通過這些平台，他帶領學員和志願者參與社會服務，展現了對於社會的責任感和關懷精神。他親身帶領學員和志願者參與了救助工作，已成功幫助了數百個家庭，展現對社會的責任感和關懷精神。

推薦序

以身作則，活出思考致富法則
周華山博士
自在社創辦人

　　葉俊傑是難得奇才，胸懷大志、長袖善舞、坐言起行。十年前，走進自在社核心課程，當時他已經是成功企業家、實用心理學導師、優秀企業導師，擁有多間著名連鎖店。然而，他在課堂上，謙卑低調、積極學習，畢業後還成為義務教練，並加入自在社董事局，在多方面默默付出。

　　當今成功學公認的核心法則，譬如「清晰座標、鋼鐵意志、敢於夢想、高度自律、言出必行」，葉俊傑就是當仁不讓、以身作則的榜樣。他18歲中五畢業，缺乏人脈資源、資金、關係、經驗，毅然創業，竟然達成心中兩大目標：24歲生日前一天，買了跑車，30歲前達成財務自由。

　　因此《超譯思考致富》其實是葉俊傑畢生思考致富的最佳寫照。

本書提出十五個思考致富的核心元素，統統是他嘔心瀝血的親身驗證，提煉為思考致富的祕密。全書清晰勾劃整個成功學的完整系統和執行方法，還有具體可行的行動綱領和貼士，讓我們有系統地、踏實地實踐，真正思考致富。

《超譯思考致富》有許多精彩實證案例，統統是發人深省的醍醐灌頂。以下七項，教我深深感動：

• 哈佛大學教授 Hubert Benson 研究發現，堅信自己捱不過手術的病人，已經失去求生欲望；結局，他們大都無法捱過手術。所以，阻止我們成功的，不是我們不了解的事，反而是那些我們深信不疑、一直信以為真的事。

• 哈佛大學二十五年後追蹤〈目標對人生的影響〉研究發現，僅有 3% 受訪者有清晰且長遠的目標，二十五年後，他們幾乎全部成為行業精英。至於當初目標模糊的 60% 受訪者，二十五年後，生活在社會中下層，生活平庸。

• 1962 年 9 月 12 日，美國總統甘迺迪表示：我們要十年內登上月球。當時的民意調查顯示，近 58% 美國民眾不支持，連美國太空總署都沒信心可以做到。正因甘迺迪的無比堅決，讓太空總署知道沒有退路，目標和時間已經訂好，唯一可以改變的只有方法。最終在 1969年，人類成功踏足月球。

• 以終為始思維：訂立目標很容易，可是落實行動的人，卻不多。制訂執行計劃最有效方法，就是「以終為始」的思維方式：就是以結果反過來推敲，令自己清晰及計算出整個行動計劃。在過程中，配合「將

大拆細」的思考方法，去協助我們編寫執行計劃。緊記：沒有計劃的目標只是空想。定立目標不難，落實如何去執行，並堅持去行動，才是成敗的關鍵。

• 建立智囊團：極端擬蟻蛛（Anelosimus eximius）是數百個成員的群網蜘蛛，每隻蜘蛛體積極小，卻一起構建巨大的不粘網，等待獵物跑進網裏，蜘蛛就成群結隊注射毒液，捕獲體積比單個蜘蛛大 100 倍的鳥類、蝙蝠等。換言之，我們需要智囊團思維，不再單打獨鬥。比爾·蓋茨（Bill Gates）說：「永遠不要靠自己一個人花 100% 的力量，而要靠 100 個人花每個人 1% 的力量。」

• 美國國家經濟研究局調查顯示，近二十年的歐美彩票得主，在中獎後不到五年內破產率高達 75%，原因就是這些中獎者，根本沒有足夠的智慧、經驗和理財知識去規劃人生，最終因亂花光一切金錢後便要宣告破產。當我們缺乏足夠的內在力量和無形資產支撐，當一個颱風來臨，自己便率先倒塌下。

• 品格致勝：品格是永不貶值的資產。我們值得運用「觀想」各個當代傑出人士，從此將各人品格上的優點集中並建立於自己身上。具體建立這項品格的實際方法包括：

自我反省：每天花幾分鐘回顧自己的言行，確保它們一致。

透明溝通：在工作和生活中保持透明，坦誠面對問題和錯誤。

遵守承諾：無論事情大小，都要信守承諾。如果遇到困難，及時溝通並尋求解決方案。

周華山博士

自在社創辦人

推薦序

經歷過試驗熬煉，方能成大事
趙山能牧師

《思考致富》是一本深藏寶藏的著作，由拿破侖·希爾在百年之前花二十年時間，訪問了五百零四位各行各業的成功人士，取之精華對話，記錄成功的十三個步驟而成書。

《超譯思考致富》作者葉俊傑先生更是用生命詮釋了成功之道的祕訣。書中講述了葉俊傑在人生低谷時，仍不氣餒。他敢於想像、刻苦耐勞、立定心志、堅定目標、限定時期、尋找方法，持之以恆的突破困境，書中有他自立自強的成功感人見證。本書內容涵蓋了欲望帶來的動力，正面情緒的善用。用心理學角度引導讀者更多認識自己的內心世界。很多篇幅還充滿了幽默感，讓人讀得津津有味，樂趣無窮。

當然這是從「人本角度」成功者的主觀經驗、心理學的解釋，敘述了成功者如何突破困境，踏往成功的祕訣。若我們從「道的本體」出

發，從上帝視角來看祂對人類的計劃和賜予成功者的使命。我們就會明白，為甚麼人在成功之前必須受那麼多的苦楚。

孟子曰：「天將降大任於斯人也，必先苦其心志，勞其筋骨，餓其體膚，空乏其身，行拂亂其所為，所以動心忍性，曾益其所不能。」

按照孟子所領悟的而言：上天將要把重大的任務降到某人（成功者）身上，一定先要苦惱他的心志，勞動他的筋骨，飢餓他的腸胃，窮困他的身子，他的每一行為總是不能稱心如願。這樣，便可以震動他的心意，堅定他的性情，增加他的能力，他才能完成大任（上天給他的托付）。

《聖經》〈詩篇〉66:10~12 節說：「神啊，你曾試驗我們，熬煉我們，如熬煉銀子一樣。你使我們進入網羅，把重擔放在我們的身上。你使人坐車軋我們的頭。我們經過水火，你卻使我們到豐富之地。」

若上帝選中某人，要把重大使命託付給他之前。必須試驗熬煉他，磨掉那些不合神心意凡俗的鋒芒，如同熬練銀子的渣滓一樣。進入各種的困境，經過重壓的打擊，勝過世界水火的考驗（被冷漠或被虛膨的考驗後）。生命、人品、事業才能達到一種高度。這種謙卑巨人，方能肩負使命，以神愛世人的理念為出發點，到處為人指點迷津，幫助更多人走向成功的大道，激勵更多人向世界活出愛。

《超譯思考致富》的後記，作者葉俊傑先生如同一位長者對晚輩苦

口婆心的教導。又如一位教練，督促讀者在生活中不斷去練習實踐書中內容。更如一位攀登者回頭激勵後面的人：「加油！巔峰就在前面。」

　　我與葉俊傑是透過美國生命河靈糧堂林牧師（Doris Lin）的介紹認識。當他知道我們在緬甸事工上的需要後，他便主動聯繫我，並於2018 年 4 月帶着團隊到緬甸來探訪我。我們一見如故，惺惺相惜，情同手足。葉俊傑為人善良真誠，樂於助人。疫情前他多次帶領希爾學院團隊前來緬甸大其力證主培育中心做義工，幫助我們改善環境上的各種需要。我自己在正向思維、人際關系上，因受他的影響也有很多的改變。緬甸大其力證主培育中心也在葉俊傑推動及幫助下，在環境上、系統管理上都有明顯的更新和進步。

　　《超譯思考致富》一書，與其說是葉俊傑的著作，倒不如說書中內容，是記錄他的行事為人和一生的做事風格，以行動活現《思考致富》的思維及法則。

緬甸大其力證主教會主任牧師

證主培育中心創辦人

趙山能牧師

推薦序

「始之於夢」「動之以情」「成之於理」「達之以誠」
潘偉業先生
華南理工大學講座教授

　　第一次與葉俊傑見面是 2006 年，不知不覺已經十八年，當時他在香港創業，業務急速發展，可是同時也遇到諸多問題，希望我能在環球企業管理上提供專業諮詢建議。葉俊傑中學畢業後便不斷創業，在應用心理學造詣匪淺，初始創業時曾經歷很多失敗，只是他從不放棄對創業改變自己命運的熱情，並且願意不斷調整自己創業模式。創業本身是一種實踐學問，難度大，成功率低，若沒有對創業初心的堅持，的確很難成功。我深知葉俊傑成立希爾學院的初心，是希望通過教育影響不同的年青人及創業者，並用自己真實人生起跌經歷作起點，讓人在谷底時能沉澱思考，在反彈時則能把握機會，並在掙扎與堅持過程中緊握自己的目標。他以身作則去實踐《思考致富》的關鍵心法、方法與辦法，而不只是紙上談兵的理論。因此這本書凝聚他多年的實戰經驗，有原著的理論，更有真實的應用實例，對讀者及跟隨葉俊傑的學生都是一本很好的工具書。

我在職場三十八年經驗，曾是世界五百強 Dow Chemical 全球副總裁，亦是持續創業者，深知個人與企業失敗的多種方式與原因，可是能成功致富，成長學習，成全新一代離不開十六字真言及《思考致富》內的關鍵思維及行動。

十六字真言是：「始之於夢」「動之以情」「成之於理」「達之以誠」

始之於夢：成功甚難，須先有成功之渴望，描繪成功之場景，產生自我暗示（就是《思考致富》第四章所指的 Auto Suggestion），將夢想藍圖書寫成有時間性及可以量化的具體目標（亦即《思考致富》第七章所指的〈執行計劃〉），這才是成功的開始。

動之以情：將夢想變成行動必定會面對現實與理想的掙扎，大多數人能一鼓作氣有行動，可是若沒效果或受到打擊後就會洩氣，然後就會找不同藉口放棄，這是很多人衝動創業的失敗真實原因（即《思考致富》第十二章所指的〈正面思維〉）。其實現實就是理想的化身，現實的一切困難障礙都是測試我們對理想能否堅持下去，甚麼是理想？理想更是現實的直升機，在現實世界中被重重障礙打敗，跌入迷宮迷茫時，理想讓我們在更高層次看回現實，欲窮千里目，更上一層樓，理想就好像直升機一樣讓我們能向下俯視，在現實迷宮內清醒地找到出路，在絕處中有自信地找到逢生的方法。失敗乃成功之母，只有經歷過無數次失敗後才能總結成功的關鍵因素。同時成功也是失敗的爺爺，因為成功後我們容易盲目自大，聽不到不同的聲音，盲目擴充，讓成本可能失控，最後大形勢改變，新的競爭對手出現，這時候距離失敗就不會遠。創業

是持續發展過程，必定會遇到成功與失敗。在恐懼、焦慮與失去自信的時候，能夠動之以情，並能做到勝不驕敗不餒，並且有同伴互相鼓勵才是過關的重要關鍵。

　　成之於理：創業是在客觀世界成事的學問，夢想與情真只是主觀的內推力，事業成功必須依理性規則（即《思考致富》第五章所指的〈專業知識〉）。其中行業調研，需求分析，《孫子兵法》的知己知彼，有秩有序的計畫絕不可少，多算才能有勝利的把握，合法合理合情，產品服務一流及有精準的目標客戶，業務才能持續成功。創業成功更不能保守，必須有在市場細分下做到一流的決心與毅力。葉俊傑多年來一直帶領自己的創業團隊，在不同的領域中做到市場分額最大，這也是團隊能持續成功的關鍵。

　　達之以誠：如何建立品牌口碑？建立一流團隊的關鍵又是甚麼？如何讓客戶滿意及忠誠？關鍵還是誠實誠信，不誠無物（即《思考致富》第十四章所指的〈品格致勝〉）。一流團隊的建立必須以企業利益為主，並有主人翁精神及老闆的思維，達之以誠就是成事的最後一公里的核心：誠意正心面對問題，接受問題才能處理問題，最後要懂得放下舊問題，在不同的發展階段重新定義企業面對的新問題，這樣企業才能持續成功。

　　十六字真言是我三十八年在職場的創業實踐實戰經驗結合《超譯思考致富》後給大家的總結，以此序及為大家推薦此書，更希望此書能一紙風行，正面影響更多的人。

夢	情	理	誠	結果
＋	-	-	-	幻想
＋	＋	-	-	一廂情願的行動不能成事
＋	＋	＋	-	可以成事可是不能持續
＋	＋	＋	＋	美麗傳承，持續成功

潘偉業 (Ben sir)

1%Net 創辦人

華南理工大學講座教授

大灣區商學院高級顧問

推薦序

願你能繼續高飛
顧修全博士

1993 年我撰寫的《自我創富學》面世，在華人社會帶來了很大的迴響，這本書道出了我對希爾博士的敬意，他的學說是我在逆境中的精神支柱，我希望更多人可以明白心靈力量是無限，可以超越自我，創造有形和無形的財富，從心理、生理、經濟、人際和靈修上有所提升，繼而擁有豐盛人生。當時以創富之名吸引大家進入心靈殿堂，也提醒大家在追逐金錢名利時，勿把最基本的「人性善端」忘掉，若有所成也謹記回饋社會，金錢用於助人是功德。

我的學生葉俊傑要為《自我創富學》作一個延續，將一本 1990 年代的著作，改頭換面加入更貼地氣的實戰例證，成為能夠迎合 21 世紀的讀物，這點子我喜歡；葉俊傑是我的忠實學生，受到我的教學和《自我創富學》的影響，多年來反覆學習和實踐，這本書綜合了我教學生涯的一些課程內容和我對希爾博士的學說的見解，以他的「思考致富」心法來詮釋，將所學的傳承，有嘗試超越前人的心，是很值得鼓勵和支持。

　　我與葉俊傑的師生關係始於 2000 年初，當年他是學生中「霉友俱樂部」的骨幹成員，被稱為「霉友」，顧名思義也不多作解釋，可是他勇於面對自己並作出改變，懂得變通和喜歡越級挑戰的性格，我倒是欣賞；他自立門戶教學，憑着堅毅的意志和耐力，長時間的磨練，日益增長的智慧，他證明了自己的能力，也有了自己的一片天地，作為老師感到欣慰，「願你能繼續高飛！」

臨牀心理學家
顧修全博士

作者序

　　一百年前的一個對話，影響了今日整個世界，這便是《思考致富》的起源。

　　安德魯・卡內基（Andrew Carnegie）是一位出生於 1835 年的蘇格蘭人，1848 年因家境貧困所以移民到美國。他由 13 歲起開始在棉紡工廠工作為生活打拼，輾轉進入鐵路行業，成立自己的公司，並將公司發展成當時世界上最大的鋼鐵生產企業。他用了四十年時間由普通的工人變成富可敵國的鋼鐵大王。到 1901 年，卡內基將公司以 4.8 億美元賣給摩根大通公司[1]（JP Morgan），使他成為當時世界上最富有的人之一。他堅信富人死後若仍然富有是一種耻辱，因此他將大部分財富均用於慈善事業，包括興建超過二千五百座卡內基公共圖書館、捐贈興建大學，並且成立各種基金會去支援慈善事工[2]。

1　"J.P. Morgan Buys Out Andrew Carnegie." History Today, https://www.historytoday.com/archive/months-past/jp-morgan-buys-out-andrew-carnegie. Accessed June 4, 2024.

2　"The Gospel of Wealth | Carnegie Corporation of New York," Carnegie Corporation of New York, https://www.carnegie.org/about/our-history/gospelofwealth/. Accessed June 4, 2024.

在卡內基年老時心中有一個願望:「若能將自己人生成功的經驗及智慧留傳下來,便能使後人不必走太多冤枉路,並能加速人生達至成功。」因為他自己一生中都是在失敗中跌碰去學習及成長,可是當人生累積經驗及財富達到最高峰時,往往已花去數十年光陰,離死亡而不遠,實在非常可惜。若是成功的人都能集合其一生的成功心法,結集成知識讓後來者輕易去學習,便能讓後世的人進步及發展得更快。

當時仍然是大學生的拿破崙·希爾(Napoleon Hill)正在一家報社兼職做記者,他被委派去訪問鋼鐵大王卡內基先生。卡內基看到希爾的慧根,因此花了更長的時間去把自己成功的祕訣傾囊相授。當時卡內基問希爾:「你是否願意花二十年時間,去訪問當今世界的成功人士,研究大家的成功心法是否一致,並且將這等智慧結集成書,讓後世能延續這些成功經驗?」並且卡內基附帶一個條件,便是在這二十年的過程中,只會替希爾寫介紹書給最頂級的政商家,並負擔出差旅費及必要的支出,其餘是不會資助他金錢,需要他自己靠本事去謀生。當聽到卡內基的請求後,拿破崙·希爾馬上便應允這二十年的承諾。希爾問卡內基:「你是一個富豪,需要我用二十年時間做這麼龐大工作量的一件工作,為何不給我足夠的生活費,讓我能專心一致完成這工作呢?」卡內基則回答一句值得深思的說話:「如果用金錢去幫助一個人,很可能會毀掉這個人,人必須透過自我奮鬥才能發展能力、知識、智慧,並取得長久的成功。」

拿破崙·希爾最後不負所託,從 1908 至 1928 年中,他投放了整整二十年時間,拜訪了五百零四位成功人士,包括發明家愛迪生

（Thomas Edison）、汽車公司始創者享利・福特（Henry Ford）、頂級富豪約翰・洛克菲勒（John D. Rockefeller）、當時的美國總統等，並證實每個成功人士的成功祕訣與卡內基先生所說的一致。終於他在 1928 年正式出版《思考致富》（"Think & Grow Rich"）一書，結集成功人士成功的祕訣，並在 1937 年再推出修訂版，至今全球售出超過一億冊 [3]。希爾自己也成為美國總統富蘭克林・D・羅斯福（Franklin D. Roosevelt）的顧問 [4]，這學說影響了很多人達成人生的成就，並進入政商界持續改變這世界。此書於 2020 年時被《福布斯》（"Forbes"）權威商業雜誌評定為具有巨大影響力 [5]。

我人生中有三位恩師對我影響很深，分別是顧修全博士、潘偉業先生以及周華山博士，他們對我人生啟蒙很深。尤其是顧修全博士，他於 2003 年起教導我心理學知識外，更引領我接觸到《思考致富》的智慧，及後我親身用了超過二十年去認證其真實性及威力。在 30 歲時成功達成財務自由後，我便成立「希爾學院」將此學說結集成各個課程教授，並在 40 歲時成立「以勒行動」積極推動慈善工作。

3　"Think And Grow Rich Motivational OG Napoleon Hill's 12 Riches of Life," Forbes, https://www.forbes.com/sites/henrydevries/2018/06/29/think-and-grow-rich-motivational-og-napoleon-hills-12-riches-of-life/. Accessed June 4, 2024.

4　"Napoleon Hill Biography - Childhood, Life Achievements & Timeline," The Famous People, https://www.thefamouspeople.com/profiles/napoleon-hill-2424.php. Accessed June 4, 2024.

5　Ellevate, "The Science Behind 'Think and Grow Rich' And Why It Works," Forbes, January 22, 2020,

　　由於《思考致富》原著所用例子全部是一百年前的人物，並由英文翻譯而來，很多原意或未被完全詮釋，令讀者難以明白其真正意思。加上原著出版當時正值心理學及腦神經科學剛開始發展，所以當年仍無法解釋的現象現在都可透過科學理論清晰講解。因此勾起了我將希爾博士的成功心法編纂成課程教授，後又起了將材料結集成書的念頭，務求以最簡易方式講解《思考致富》的成功心法。

　　這本書不談空泛理論，我會分享自己親身故事，讓大家容易理解及明白，盼望能助您掌握「思考致富」的祕訣心法，令您人生達成更高的成就與夢想

　　願此書獻給已離開的顧修全博士
　　也將一切的榮耀全歸上帝

2024-06-04

葉俊傑 Arthur

拿破崙·希爾博士序

本書中的每一章，所提及五百位富豪創造巨大財富的祕訣，都是經過我長年累月仔細分析。

接受卡內基之託

二十五年前，透過安德魯·卡內基，我開始對這個祕密感到興趣。當時我還非常年輕，而這位精明、討人喜歡的蘇格蘭富長者不經意把這個祕密說漏了嘴，然後他向後靠在椅背上，眼睛閃爍着喜悅的光芒，仔細的觀察我夠不夠靈光，是否可以明白他話裏的重要性。他看我領悟了其中道理，便問我願不願意花二十年的時間，把這個祕訣公諸於世。因為如果沒有這個祕訣，許多人會一輩子飽受失敗之苦。我答應了卡內基先生的要求，並在他的幫助之下，如今終於實現承諾。

本書的祕訣已歷經各行各業、數千人身體力行的試煉。卡內基先生的想法是，這個帶給他累積巨大財富的神奇模式應該被公開，讓所有無法再研究如何致富的人，都能有規可循。他希望透過各行各業的經驗，

測試並證明此思維模式的無懈可擊程度。他認為各級學校和學院應該教授此思維模式，並提出這種想法 —— 透過適當的教導，讓人們革新整個教育體系，更能縮短學生一半以上的就學時間。

卡內基先生與許多年輕企業家，如查爾斯‧許瓦柏（Charles M. Schwab）合作的經驗，使他更深信當今學校的教育制度，對謀生和致富，幾乎毫無價值可言。他定下這個結論的原因來自於自己公司裏錄用過許多年輕人的經驗，其中大多數雖然從未接受太多正規教育，可是在受到此模式的訓練後，卻發揮出特殊的領導能力。

此外，在經過卡內基親身教導後，每一個遵照指引的人都創造了巨大財富，證明了卡內基的模式能幫助已經做好準備的人。創業家查爾斯‧許瓦柏實踐此一祕訣之後，為自己帶來許多機會且創造財富。保守估計在這個單一的案例中，此一模式的價值高達 60 億美金。幾乎每一個聽過卡內基的人都知道這些事實。經由這些事實，你可以對閱讀本書的收穫有清楚的概念，而前提是你必須知道你想要甚麼。

在我長達二十年的試煉之前，已經按照卡內基先生的計畫將此一祕訣傳授給超過一萬個人自行運用，並讓他們從中受惠。有些人成功致富，有些人則得到了和諧的家庭生活。

一位牧師經過實踐之後，當年的收入立即暴升至 7.5 萬美金以上。一位在辛辛那提（Cincinnati）的裁縫師亞瑟‧納許（Arthur Nash），拿他面臨破產的事業作為白老鼠來測試這個方法，其營運果然好轉並為

股東帶來可觀收入。如今納許先生已經過世,可是這家公司仍然屹立不搖。這個實驗十分罕見,報章雜誌爭相報道,這些正面宣傳為這家公司額外進帳超過 100 萬美金。

在簡章,詹寧斯‧蘭道夫(Jennings Randolph)大學畢業的那一天,我告訴他這個祕訣,經過適當的運用,如今他已連續三屆當選國會議員,他打算繼續運用,直到他有機會入主白宮。

當我擔任拉撒瓦延伸學院(La Salle Extension School)的廣告部經理時,這所學校還是籍籍無名。我有幸與該校的賈普林(J.G. Chapline)校長交流,之後,他有效的運用這個方法,使此拉撒瓦成為全國數一數二的學院。

我所謂的「祕訣」,全書提了不下百次,可是卻未為其正式命名,其半遮半掩、若隱若現的狀態,似乎更能幫助那些已做好準備並正在追尋的人成功習得箇中真諦。這也是當初卡內基先生如蜻蜓點水般提及,沒有給我確切名稱的原因。已經準備好要身體力行的讀者,會發現在每一章之中,這個祕訣至少會出現一次。

但願我有此榮幸告訴讀者怎麼判斷自己是否已做好準備,然而我絕不希望剝奪你自行發現祕訣的益處。在撰寫本書時,我兒子正要結束大學最後一年的課程,他隨手拿起第二章的手稿,讀了之後自行發現了這個祕訣。他切實運用書中的資訊,畢業之後,居然直接擔任要職,起薪點遠超過一般人的平均所得。

　　伍德羅‧威爾森總統（President Woodrow Wilson）在世界大戰期間，廣泛應用這個祕訣。因為軍方將此祕訣巧妙地融入前線訓練當中，讓每一個投入戰爭的士兵都受到薰陶。威爾森總統親口告訴我，這個祕訣成為戰事募款的利器。

　　二十多年前，當時的菲律賓群島民官曼紐‧奎松（Manuel L. Quezon）受此祕訣的啟發，挺身為他的同胞爭取自由。他幫助菲律賓獨立之後，成為菲律賓解放後第一任總統。

實踐是基本要求

　　這個祕訣的特殊之處在於，一旦得到並加以運用，只要付出努力成功便會如旋風般席捲而來，而且不必再向失敗低頭！如果你心存疑惑，看看這些運用過此一祕訣的名人，翻查他們的相關資料，保證會讓你心服口服。

　　天下沒有白吃的午餐，要得到這個祕訣一定得付出代價，不過這個代價遠遠低於其價值。如果不刻意尋找，它是一文不值的。它既不能免費贈送，用金錢也買不到，原因是它包含了兩個部分。如果你已做好準備，你已經擁有第一部分。對於已做好準備的所有人，這個祕訣會一視同仁，教育程度高低與其並無直接關聯。

　　早在我出生以前，此祕訣就傳到湯姆斯‧愛迪生（Thomas A. Edison）手裏。雖然他只讀過三個月的小學，可是當他明智的運用這個祕訣後，成為全世界首屈一指的發明家。此祕訣又傳給愛迪生的工作夥

伴，雖然他當時年薪僅 1.2 萬美金，經過有效的運用，他年紀輕輕就從職場上提早退休。他的故事足以說服你相信財富並非遙不可及，你也可以達成你的夢想；對於已做好準備而且心懷決心的人，財富、名望、聲譽和幸福都是唾手可得。

這是數百名成功人士的祕訣

我是如何知道這些事呢？當你讀完本書就會找到答案。答案可能在第一章，也可能在最後一頁。我既然接受卡內基先生的要求，在履行承諾研究的二十年間，分析了上百位知名人士，其中多數都坦承卡內基所指的祕訣正是他們累積巨大資產的功臣。其中部分人士包括：

亨利．福特（Henry Ford）

威廉．瑞格里二世（William Wrigley Jr.）

約翰．華納美克（John Wanamaker）

詹姆士．希爾（James J. Hill）

喬治．派克（George S. Parker）

E. M. 史達樂（E. M. Statler）

亨利．道爾迪（Henry L. Doherty）

希爾士．克提斯（Cyrus H. K. Curtis）

喬治．伊士曼（George Eastman）

西奧多．羅斯福總統（Theodore Roosevelt）

約翰．戴維斯（John W. Davis）

亞伯特．哈伯德（Elbert Hubbard）

偉伯．萊特（Wilbur Wright）

威廉‧簡寧‧布萊恩（William Jennings Bryan）

大衛‧史達‧喬登博士（Dr. David Starr Jordan）

阿格登‧亞莫（J. Ogden Armour）

查爾斯‧施瓦柏（Charles M. Schwab）

哈里斯‧威廉斯（Harris F. Williams）

法蘭克‧岡鷲拉斯博士（Dr. Frank Gunsaulus）

丹尼爾‧維勒（Daniel Willard）

金‧吉列（King Gillette）

拉爾夫‧偉克斯（Ralph A. Weeks）

丹尼爾‧萊特法官（Judge Daniel T. Wright）

約翰‧洛克菲勒（John D. Rockefeller）

湯馬斯‧愛迪生（Thomas A. Edison）

法蘭克‧凡德里（Frank A. Vanderlip）

伍爾沃斯（F. W. Woolworth）

羅伯‧達樂上校（Col. Robert A. Dollar）

愛德華‧費連（Edward A. Filene）

愛德温‧巴恩斯（Edwin C. Barns）

亞瑟‧布里斯班（Arthur Brisbane）

伍德羅‧威爾森總統（Woodrow Wilson）

威廉‧霍華德‧塔夫特（WM. Howard Taft）

路德‧倫伯克（Luther Burbank）

愛德華‧博克（Edward W. Bok）

法蘭克‧曼西（Frank A. Munsey）

艾伯特‧蓋瑞（Elbert H. Gary）

亞歷山大‧貝爾博士（Dr. Alexander Graham Bell）

約翰・派特森（John H. Patterson）

朱立斯・羅森瓦德（Julius Rosenwald）

史都華・奧斯丁・薇爾（Stuart Austin Wier）

法蘭克・克萊恩博士（Dr. Frank Crane）

喬治・亞歷山大（George M. Alexander）

夏普林（J. G. Chapline）

簡寧・朗道夫（Hon. Jennings Randolph）

亞瑟・納許（Arthur Nash）

克萊恩斯・戴洛（Clarence Darrow）

　　以上小部分的例子，足以顯示此數百位知名成功人士在商業界或其他領域的成就，也證明了所有瞭解並活用卡內基祕訣的人，都達到人生的高峰。根據我所知，受到此一祕訣啟發的人，沒有人不在其領域創下佳績的，反之，如果無法掌握這個祕密，就很難出類拔萃或致富。由以上兩項事實，我們可以做出以下結論 —— 此祕訣是達成自我決心的必備知識之一，比所謂的「教育」來得更重要。

本書可以幫助任何人取得成功

　　教育到底是甚麼？書中將會作詳盡說明。以學歷而言，這些富豪當中，許多人根本沒有受過太多正規教育。約翰・華納美克（John Wanamaker）曾經對我說了這樣的比喻：他接受過的正規教育少之又少，而且過程就像蒸汽火車頭需要水一樣，必須在行駛時不斷添加。亨利・福特連高中都沒上過，更遑論上大學了。我並沒有心想要貶低學校教育的價值，而是想表達這一個事實的概念，一旦掌握且充分利用這個

祕訣，無論誰都可以登峰造極，創造財富，建立信譽，即使只受過很少
的教育。

　　如果你已經做好準備，在閱讀本書期間，這個祕訣將會從字裏行
間蹦跳出來。當它出現時，你就會立即辨認出來。不論從第一章或最後
一章得到這個提示，當它顯現時，請你暫停閱讀，並去除心中的一切雜
念，因為這時將是生命中最重要的轉捩點。

　　現在，我們即將進入第一章，我的一位至交大方承認他已看過神奇
的徵兆，他在生意上的成功證明了摒除雜念的重要性。當你讀到這些故
事時，請記得這些人都曾經歷人生重大考驗，這些經驗來自謀生不易，
找尋希望、勇氣、滿足感、安全感、累積財富和享受身心的自由。

　　請相信本書所有故事都是真實的，目的在於傳達一個偉大的宇宙真
理。使得做好準備的人不只學會做甚麼，更學會怎麼做，並獲得必要的
刺激而開始啟動。

　　最後，在你進入第一章之前，請稍微讓我提出最後一個請求，提醒
你卡內基廣受肯定的祕訣：所有成就與財富都起源於創意。如果你已做
好準備，這已經掌握半個祕訣握在你手，因此當另外半個祕訣輕扣心弦
時，你便能立刻察覺掌握。

　　　　　　　　　　　　　　　　　　　　　　　　　　拿破崙‧希爾

導 言

在開始之前想先問你一些問題：

— 請問今天的你每月有多少收入？

— 戶口有多少積蓄？

— 有多少資產式收入？

你現在擁有的收入及成就是過去思維行動的結果。

一個人月入 1 萬元、月入 10 萬元或月入 100 萬元，這些人之間的的分別是甚麼？

最大的分別正是思維。思維包括見識、知識、能力，你的想法決定做法，而你的做法決定命運。你「知」就會「識」，才能懂得要做或不做。

思維造成結果

二百年前人們並沒有洗手的習慣，不只平民百姓，連醫護人員亦沒有洗手的衛生意識。在 16 世紀至 19 世紀的歐洲，女士在生育過程

中患上產褥熱導致死亡的比率極高，巔峰時期產婦生育的死亡率更高達
25%。研究人員對此展開調查，起初懷疑是產婦的分娩姿勢併發病症導
致死亡，後來則有人懷疑是磁場不對，甚至是乳腺閉塞等問題引致產婦
高死亡率[1]。當研究進入瓶頸時，研究人員偶然發現一位男醫生死亡的徵
狀竟與產褥熱極度相似，因此開始推斷產褥熱並非只發生在產婦身上[2]。

　　實際上，產褥熱是一種細菌感染的病症，該男醫生在解剖時因不慎
刺傷手指引發感染，最後併發死亡[3]。當時，匈牙利醫生伊格納茲·塞麥
爾維斯（Dr. Ignaz Semmelweis）推動醫護人員消毒洗手，使死亡率大
幅減低 90%[4]。後來塞麥爾維斯醫生在 1850 年的維也納醫生公會的演講
會上宣導洗手，以大大減低產婦的死亡風險，在場醫生卻紛紛指責這位
匈牙利醫生妖言惑眾[5]。其他醫生無法接受真相竟是醫生將災難帶給產婦
使其受到感染，甚至導致她們死亡，該說法將嚴重損害醫生形象。因此
大部分醫生選擇依然故我，堅拒接受塞麥爾維斯醫生的洗手建議，而這
些醫生的頑固態度則為孕婦帶來極大痛苦。

1　"Ignac Semmelweis — Father of Hand Hygiene," National Center for Biotechnology Information, https://www.ncbi.nlm.nih.gov/pmc/articles/PMC7240806/. Accessed June 4, 2024.

2　Loudon, Irvine. "The Tragedy of Childbed Fever." Oxford University Press, 2000.

3　"Hand hygiene: Semmelweis' lesson through Céline's pen," Oxford Academic, https://academic.oup.com/jpubhealth/article-abstract/45/3/e574/7107920. Accessed June 4, 2024.

4　Nuland, Sherwin B. "The Doctor's Plague: Germs, Childbed Fever, and the Strange Story of Ignaz Semmelweis." W.W. Norton & Company, 2003.

5　Carter, K. Codell. "Childbed Fever: A Scientific Biography of Ignaz Semmelweis." Transaction Publishers, 1995.

驕傲的人毫不覺得自己的思維有偏差，只認為一切問題均由他人造成，習慣諉過於人，最後所導致的結果卻由其他人承擔，正如當時產婦為醫生的錯誤及傲慢的態度承擔莫大風險。

貧窮思維

每個家庭若長時間活在貧窮痛苦中，必定因為有重要成員的思維出現偏差，故作出一連串錯誤決定，最後更要整個家族一同付出代價。

我祖父在 50 年代時在筲箕灣經營理髮店生意，擁有自置物業，家裏聘用數名工人，店內亦僱用數名員工，在當時算是相當體面。然而當年他竟覺市區馬路車多危險，害怕小朋友出意外，因此搬到吊頸嶺（即今調景嶺），當時一個偏僻荒廢的海灣，沒有電沒有水更沒有煤氣的偏遠地區。祖父更結束市區的理髮店生意，舉家搬進貧窮荒蕪的深山，共八名子女連帶妻子及母親同住。不久後祖父身患肺癌離世，一家人隨後過着很窮困的日子。

祖父一個錯誤的決定令家族持續貧窮數十年，你的家族長輩中有沒有人曾做錯決定？

再舉另一個生活化的例子。

一位太太在做飯時，將魚切頭切尾後下鍋，丈夫經過看到時便問：「為何要這樣做？」太太回答煎魚就是這樣，「從小到大阿媽教落一直都

這樣做，你不懂就別胡亂出聲。」

於是有一次丈夫回家後問母親，母親則回答説因從前太窮，鑊太小不夠位置煎整條魚，所以只好切頭切尾才夠位下鍋。

今天，我們有沒有遺傳上一代的金錢觀思維，一直不知何解，又認為是理所當然的事情？這些思維會否有毒，而我們一直都不知道？我們很常被固有思維框住，限制思考，跟着前人做法更方便，卻從未深思真正原因。請謹記，很多人並非沒有能力去賺錢或衝事業，亦非沒有機會做，而是「沒有動力」去做，從沒想過致富，背後很大部分問題出於思維中了「病毒」，以致我們原地踏步，停滯不前。

阻止我們成功的並不是我們不了解的事，反而是那些我們**深信不疑、一直信以為真**的事。

本書將不斷發掘你的潛能，指導你如何憑思考、活用各種思維賺取財富。當我們改變想法後，行動便會轉變，最後成果亦有所不同，這正是**思考致富的核心**。這些思想上的轉變，就像洗手一樣微小，然而只要你能掌握並採取行動，生命就會有不一樣的轉變。

本書所探討的理論並非仙丹，不會讓你在閱畢本書後就突然整個人煥然一新。然而本書內容能在你的人生路上播下很多種子，閱畢後在你的生活中發芽，悄悄吸收足夠養分後成長，是為以思考致富。以下我在書中所闡述的內容將會為你的思維帶來很多衝擊，我要求大家先放下自

己的舊有想法，先別一開始就表現抗拒，反而讓自己吸收後好好消化，不要馬上就像那些醫生拒絕，「洗手是行不通的」。

在正式開始前，先為大家訂立一個目標，目標很簡單明確：若你年收入少於港幣 100 萬元，**一年內令收入增加一倍**。

我不知道大家看到目標後內心出現甚麼小聲音，有些人會覺得超級棒，有些人會覺得不可能，有些人會覺得神經病，這是邪教思想改造嗎？你內心立即生出的小聲音，正是你內心最真實的信念。接下來，我希望以下講述的思維都會對你的人生有所裨益，從而達致身心富有。

第　一　章
意念成就事實

凡是人心所能想像並且相信的，終必能夠實現。

當我指出你須於一年內令收入增加一倍，你內心立即出現的小聲音是甚麼？是可能嗎？是不可能嗎？第一步，我們開始要抓緊並了解自己心底的意念。

先讓我分享一個親身經歷。

在 2002 年時，我有一位朋友，是一名船務文職人員，我向她發問同樣的問題：如果你的目標訂為須於一年內收入增加一倍你會怎樣做？她第一時間回答「不可能！」。當我們的想法中出現「不可能」後，基本上我們便會停止思考，因我們內心已深信不可能。請記着拿破崙·希爾博士在一百多年前的《思考致富》中第一章「凡是人心所能想像並且相信的，終必能夠實現」。

我繼續追問「如果真的可以呢？」，她分享說，如果收入須增加一倍起碼要先升職；若要升職就要進修，或須先取得大學學位，再等上司退休或離職，甚至死亡，或者 …… 她仍有很多假設，我再追問她：「若要一年內做到呢？並且在不增加工作時間，以及在投放與現時相同的資源的條件前提下達成呢？」

當時朋友被我追問得沒有退路，就開始認真思考，她認為若果真的要增加一倍收入，便應該要轉工作崗位，因文職工作難以在薪金上取得大突破。她認為可以嘗試轉職銷售崗位，並要爭取加入能與公司對拆佣金的職位，這樣的方法達成收入增加一倍似乎相對可行，只是她表示與公司裏銷售部同事不太熟悉，不知道該如何開始。

我繼續問朋友：「如果真的可以呢？」她說可嘗試於午餐時在員工餐廳認識銷售部同事。下一句她又立刻反駁，就算真的可調配到銷售崗位，自己的英語能力也太差，絕不可能成功入職。

我仍繼續問道：「如果真的可以呢？」最終在第二日，朋友鼓起勇氣去員工餐廳，誰想到她真的成功結識銷售部主管，更憑自己的英語順利溝通。一個月後，她更成功轉職到銷售部門；半年後，她的收入已增加了一倍；而多年後的她，今天的薪金已跳了好幾級，更常與外國同事以流利英語溝通。

在我生命中有大量類似的真實例子，當你選擇相信並認為有可能時，你就會思考可行方法；而當你一口咬定不可能時，你就會找失敗的藉口，這個時候便會啟動「安慰劑效應」及「反安慰劑效應」。

安慰劑效應

常聽說人要正面積極，又提及心態決定一個人一生的成果，這些如此「心靈雞湯」的說法十分老套，其實是否只是「阿 Q 精神」？在心理學上有沒有真憑實據？

不知道大家有沒有聽說過安慰劑效應（Placebo Effect）？這是 1955 年由 Dr Henry K. Beecher 提出的研究，找來大量病人進行實驗，由醫生為病人開藥，告訴他們只需服用該藥品，保證藥到病除[1]。誰知這些所謂「有效」的藥片只是有糖分的藥片，完全不含任何藥用成分。最神奇的是這些病人服用「假藥」後，竟有 25% 人認為病況有明顯好轉[2]。Beecher 博士進行的實驗範圍廣闊，大量研究成果證明安慰劑的確可以改善病人病況，其中一個實驗針對病人背部痛症，除了病人報稱痛楚得到舒緩外，更可用客觀方法檢測到已改善的現象[3]。另外，實驗結果亦表明沒有服食安慰劑的病人身上並無出現舒緩情況，證明服食安慰劑後確有明顯成效。

又有一項研究關於抗抑鬱藥的整合分析，博士發現服用安慰劑的病人中，出現自殺或企圖自殺傾向的病人明顯減少 30%；而服用真正抗抑

1　Henry K. Beecher, "The Powerful Placebo," JAMA, 1955, Vol. 159, Iss: 17, pp 1602-1606.

2　Ted J. Kaptchuk, "Powerful Placebo: The Dark Side of the Randomized Controlled Trial," The New England Journal of Medicine, 1998, Vol. 344, pp. 1594-1602.

3　Henry K. Beecher, "The Powerful Placebo," Journal of the American Medical Association, 1955.

鬱藥的病人自殺情況就減少 40%，兩者之間的相距僅有 10%[4]。由於這項關於安慰劑的研究對世界帶來很大衝擊，所以各國政府機構現規定新藥研究時，必須通過臨牀安慰劑對照測試，要證明藥物比安慰劑有效才能獲得認可。

後來安慰劑研究不但涵蓋藥物，連手術都有同樣效果。一位整容外科醫生 Bruce Moseley 在《新英格蘭醫學期刊》中刊登了一篇論文，原來這位醫生透過外科手術專門緩解病人膝關節痛楚而聞名，他設計了一個精巧的對照實驗，有兩群毫不知情的病人來找這位醫生進行手術，一群實驗者接受真手術，另一群則接受假手術。在真正做手術的病人中，有三分之一覺得痛楚得到緩解，與以往統計數據結果相符。而最神奇的是，進行假手術的病人之中同樣有三分之一覺得膝蓋痛楚得到緩解[5]。

原來一個人的信念可以如此強大，安慰劑實驗證明服用安慰劑不單是主觀感覺上感到舒服，更可以得到科學數據上的支持。現在愈來愈多醫學證據顯示，只要一個人相信身體已經獲得治療，光擁有這念頭已有很強的治癒能力，令身體各項生理病症得到切實緩解。

安慰劑若用於正面方面當然沒問題，令病人可減少服用化學藥物並

4　Irving Kirsch, "The Emperor's New Drugs: Exploding the Antidepressant Myth," Basic Books, 2010.

5　Bruce Moseley et al., "A Controlled Trial of Arthroscopic Surgery for Osteoarthritis of the Knee," The New England Journal of Medicine, 2002.

減輕副作用，同時可改善身體上的問題，做法最為理想。當然安慰劑的使用並不代表我們生病無需看醫生，絕不可諱疾忌醫 —— 重點是我們到底有沒有好好留意我們的信念呢？

　　科學家研究指出，只要我們不當運用安慰劑，就會出現反安慰劑效應（Nocebo Effect），在一項實驗研究中，所有參與者均收到同樣訊息：他們將接受一種新型療法，這種療法會引起脫髮的副作用，而其實他們食用的只是普通鹽水。最後結果顯示，有 30% 對照組患者竟出現脫髮症狀。最離譜的統計結果為 —— 原來覺得自己即將死亡在「反安慰劑效應」中亦同樣生效[6]。哈佛大學教授 Hubert Benson 指出，對於堅信自己捱不過手術的病人展開研究，指出這些病人已經失去求生欲望，在這些深深相信自己即將死亡的病人裏，幾乎大部分的病人都無法捱過手術[7]。

　　另一組聖地牙哥的研究人員勘查了近四萬個美籍華人的死亡紀錄，並與超過四萬個隨機抽中的白人死亡紀錄作對比，發現如果華人身患重病，在重要關頭時例如盂蘭節、年關（農曆新年）或其他大時大節，他們的死亡率會大幅提升，反而白人則無類似情況出現。在華人傳統文化中，從小到大常常聽到「年關」，意思指這些重要傳統節日是人很難度過的關口，若果生命力不夠強的人，很難跨過這些日子，因此大家心裏

6　Benedetti, Fabrizio. "Placebo Effects: Understanding the Mechanisms in Health and Disease." Oxford University Press, 2009.

7　Benson, Herbert. "Timeless Healing: The Power and Biology of Belief." Scribner, 1996.

會很容易出現「今次我會死」的想法[8]。然而白人沒有這種傳統思想，因此在眾多白人重症病人中，遇上傳統節日時死亡率與平常日子持平。由此可見，你心靈的力量多麼強大，你今天相信的信念是甚麼？會令你更健康更開心，還是會令你更不健康更不開心[9]？

拿破崙·希爾博士（Dr. Napoleon Hill）訪問當時政商界最頂尖、最富有及最有權力的共五百零四位人士並集合他們的成功心法結集成書，發現成功人士的共通點就是非常確信自己的未來會有正面明確的成果，確保自己保持信念。事實證明，他們最後獲取偉大成就的機率比其他人高出一大截。

既然信念對我們的人生影響甚大，大家以後就要小心，盡量不要胡亂算命。若然一位算命師傅說你的命會愈來愈差而你對此堅信不疑，你的信念自然會引導你的生命走向愈來愈差（自我暗示實現）。又或者你能像我一樣，只相信算命師傅所說的好方向，其他一律不予相信。我們的信念屬於我們自己，如果我們都不好好管理自己的心，還有誰會在意？以後再有人跟你說正面積極的事時，大家請記住安慰劑效應，選擇相信更多好事，有時變成阿 Q，對人生原來都有正面積極的推動作用。

---

8   Phillips, David P., and Ruth S. Ruth. "Death and the Lunar New Year: Failure of the 'Hitting the Mark' Hypothesis." Psychosomatic Medicine, vol. 55, no. 6, 1993, pp. 547-554.

9   Kirsch, Irving. "The Emperor's New Drugs: Exploding the Antidepressant Myth." Basic Books, 2010.

自己的意念由自己管束，命運掌握在自己手中。千萬不要小看意念的威力。當你堅信一件事情、一個信念時，意念就會改變我們的行為，也會改寫我們的結果。我爺爺當年正是在年初一時在醫院離世，因他堅信年關不易過，導致意念成就現實，最後他真的於這天離開人世。

《思考致富》的心法中，重點是「觀念」。一念即天堂，一念即地獄。

「改觀」即改變觀念。今天我們擁有的一切是過去的觀念所造成的結果，無論孰好孰壞，均由我們一手創造而成。一個簡單的想法已經導致相應行動。如果我們不滿意現況，那首先要做的就是「改觀」，改變舊有不良的觀念（Unlearn）。洗去有問題的 OS（Operating System），重裝最更新的版本。

打開眼界，世界便更加廣闊，請打開您創業的眼界，打開您翻倍收入的可能。

我們要管理自己的信念，因為意念成就現實，如果我們內心常充斥負面想法，那我們在現實世界中只會發生愈來愈多負面的事。相反如果我們心持正面意念，對世界充滿希望及盼望，便會遇上更多好的機遇，在生命中出現更多可能性。管理意念非常重要，你的意念將影響你的心態，從而影響你的運氣甚至命運。

拿破崙・希爾博士在研究五百零四位成功人士後，得出的共同結

論，若濃縮成一句説話，就是：**凡是人心所能想像並且相信的，終必能夠實現。**

今日在你心中所能想像並相信的，是好的事，還是負面的事？我們要有意識去管理，因為這種意念的成果，終必能夠實現！

所羅門王在《聖經》箴言這樣説：「你要保守你心，勝過保守一切，因為一生的果效是由心發出。[10]」

我們只要有意識去修改家族遺傳的限制性思維，便可突破家族財富限制的命運。

裝備有成功意識的人，人生一定會邁向成功。隨意容許自己產生失敗意識的人，必會經歷一次又一次的失敗。

10　《聖經》，箴言 4:23.

第　二　章

建立目標

（在《思考致富》英文原文中，第二章的題目是「Desire」，中文版譯作：欲望。）

渴求就是一切的起點。

　　我在 18 歲時由於學歷不高，因此決定創業。大約在 20 歲時，我訂立了人生中兩個目標，第一個目標為 23 歲時要買一輛雙門跑車，第二個目標則於 30 歲時退休。終於我在 24 歲生日前一天，我就買了跑車，並於 30 歲前達成財務自由，隨後選擇我喜愛的生活方式。當然現在回首，當時應該買入物業而不應買車，只可惜當時未建立良善的理財觀念，年輕時只追求外在虛榮，然而增長知識真的可以改變命運，我深信只要敢於訂定目標，並願意堅毅去達成，我們便可得到豐盛的人生成果。如果不斷放過自己，所有訂立的目標達不達標都沒關係，久而久之就會連自己都看不起自己，心中亦會繼續自己得過且過地生活。我習慣不時訂立目標，當一個目標快將完成時便再訂立下一個目標，讓目標帶領我的人生前進，因我深信人生成就是由一個又一個的目標拖帶而建立。

哈佛大學一項著名研究〈目標對人生的影響〉，發現當中 27% 研究對象的生活完全沒有訂立任何目標，60% 擁有模糊的目標，10% 具有清晰的短期目標，僅有 3% 有清晰且長遠的目標。二十五年後，哈佛大學再次調查同一批研究對象，當中沒有目標的 27% 幾乎生活在社會最底層中，貧困潦倒，經常抱怨生活困苦；目標模糊的 60% 生活在社會的中下層，經濟情況普通，沒甚麼特別的成就；有清晰的短期目標的 10% 則成為各行各業的專業人士，例如醫生、律師、工程師等。至於 3% 有長遠清晰目標的研究對象幾乎全部成為行業精英，生活在社會最上層[1]。

目標決定我們的做法，不同做法會導致不同成果，假設你早就訂立好自己的人生目標，今天你的主動性及態度絕不一樣。既然目標這樣重要，為何世界上仍然這麼多人沒目標？主要原因，是因為**知識及眼界局限了思維。**

知就會識，識就會做，這就是「知識改變命運」的意思。

為何馬爾代夫是世界上大部分人趨之若鶩想去的地方？不是因為那裏有絕美的水上屋及沙灘，也不是因為那裏有美酒佳餚，六星級的酒店，更不是因為這個地方快要陸沉，而是因為你曾看過旅遊節目介紹，也看過不少朋友在社交媒體上貼上這地方的相片，因此這就成為眾人心

1　"Harvard Business School Study on Goal Setting," Harvard University, 1979.

目中的名勝景點。世界上擁有這些同樣美景的地方也不少，例如位於南半球澳洲右邊的一個小島阿努阿圖，同樣擁有這等風光，可是卻極少人認為這是趨之若鶩想去的地方。因為普遍的人並「不知道」有這地方，當然就不懂得怎去，也不會有行動。今天很少人會有很大的欲望，甚至為此訂立目標及行動計劃，不是大家不想得到更好，而是大家被知識及眼界局限了思維。因此當你人生第一次接觸過「空調」後，便很難想像在炎熱的夏天中沒有空調；當你人生接觸過智能手機後，便很難想像生活在沒有網絡及沒有智能手機的地方中。然而請不要忘記，在一百年前這些科技都未出現時，人類已生存了這麼多年。所以若我們想成為這3% 有清晰且長遠目標的一群時，我們首先要打開知識及眼界，這樣我們便會產生欲望去追求，人生也會開始有動力去行動。

在任何夢想背後，我們都必須面對一個現實，就是需要有金錢才能支持我們去達成，因此我們第一項需要打開知識及眼界的，必然是世界的賺錢經濟模式。

著名《富爸爸‧窮爸爸》作者羅伯特‧清崎（Robert Kiyosaki）在書中指出所有人都在四種象限之中，ESBI 象限是重中之中的概念，能助你了解如何達成致富境界，以下讓我們先深入認識這四種象限 [2]。

2　　Robert T. Kiyosaki, "Rich Dad Poor Dad," Plata Publishing, 2000.

ESBI 象限圖

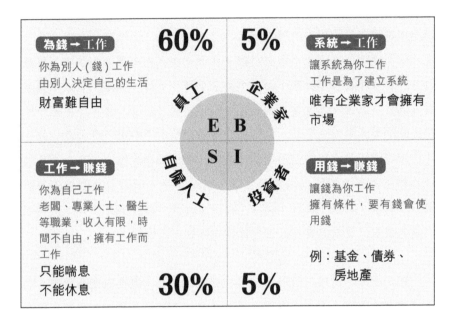

E = Empolyee（員工）

　　這是一類透過售賣時間來賺取收入的方式，收入由學歷及能力決定。E 的好處是有固定薪金的安穩感，也能透過自身的努力爭取晉升更高的職位；壞處是薪金難以有很大的升幅（除非能升職），並且時間被工作限制。E 即使為公司一生辛勞卻不能共享成果，最後更會被公司決定自己的命運，例如公司有權將你辭退等，然而世界上大部分人口均屬於此象限。

　　我人生中成為 E 去打工的時間並不多，可是每一段經歷卻都令我獲

益不少。有一年我生意失敗，就開始計劃其他業務，此時有位前輩恩人請我為另一位老闆幫忙，他的公司正面臨困難，問我可否前去幫忙。於是我進入該公司打工過渡這段空白期。我應聘時所提出的條件為：我不重視底薪，所以底薪有多少都沒所謂，我要求若我能提升公司業績，我要得到提升部分的拆賬就可。由於當時該公司仍在虧蝕中，這位老闆就一口答應我的要求，並討論好拆賬條件後我就開始工作。

當成本不需自己負擔時，我感到前所未有地舒暢，於是我發揮優勢，徹底改革整間公司的架構，大幅提升市場推廣規模，使營業額直線上升。我剛進去當時公司負債即將倒閉，當推行我所設計的改革措施後，於三個月內公司轉虧為盈，由每月虧損 20 萬元轉為每月盈利近 200 萬元。一轉眼，該公司已成為市場的領頭羊，我的收入亦開始提升。這時問題就出現了。或許當天那位老闆並不相信公司可得到這成績，所以他承諾給我的拆賬率很高，可是今天他內心卻產生了不平衡情緒，反駁指當初並未承諾過，更單方面降低六成佣金。假設我應得 10 萬元佣金，他現在只願意付 4 萬元給我。如果你是我，你會怎樣做？我自問並非聖人，當場就與那位老闆撕破臉，只是憤怒情緒往往不能解決問題，當我冷靜下來後作深刻反思，發現這正是 E 的缺點，更強化我不可繼續為別人打工的信念，無論我付出多少，公司所獲得的成果都不屬於我。

無論 E 為公司服務多久，立下多少汗馬功勞，為公司賺取多少盈利，也未必能分享公司的成果。公司每月發出的薪金中已買斷 E 的一切功勞。因此公司沒有義務再與 E 共享發展成果，E 的命運始終受制於老闆的決定。雖然很無情，然而這就是 E 的真實限制。

S = Self-Empolyed（自僱）

　　這是一類透過自己的專業來自僱賺錢的方式，例如補習老師、外賣員、司機、銷售員、美容師、自己開診所的醫生，甚至是經營小生意的老闆等都是屬於 S 的類別，可是受限於自己親身工作的時間，雖然可做到多勞多得，可是一放假就會沒有收入。

　　我有位朋友在英國開外賣店是一個 S，由於他是主要核心人手，所以每次朋友回港探親均要關門休息，手停口停。即使是專業人士例如醫生，如果自己生病需要休息亦會手停口停。自僱的最大壞處是不能休息，好處就是收入由自己決定，更勤奮一點就能多賺取一點。自僱始終受時間限制，唯收入仍比 E 高出不少。

　　我父親經營皮草加工業，也是一個典型的 S，因此我在成長路上亦學習到很多 S 的思維，更令我頭十年創業生涯中透過 S 賺取不少。2008 年時，我在香港經營記憶學生意，每個月都會在不同大學開班授課，每個課程都會有超過二百人以上的學生。當時每天晚上都會開辦招生講座，每次講座的生意額平均超過 20 萬元，年收入更賺取超過 2000 萬元。當時在香港十分火熱，因而出現很多競爭對手，記憶學這盤生意卻遇到兩個問題。第一，沒有回頭客，學習記憶學後不會忘記，因此原有客人不再回頭光顧；第二個問題為課程過程中不能生病，亦不能隨便找別人替工去做教學工作，因一旦有數百人退款便會出現巨額虧損，那段時間是「能死不能病」的階段，因手停便口停，這正是 S 象限的最大限制。

E 及 S 象限的人屬於主動收入類別，一旦停止工作便立即失去收入來源，在這基礎上是**絕不能達成財務自由**的。

B = Business Owner（企業持有人）

這是指可自動運作的企業。透過建立自動運作的企業，並固定企業員工規模達約五百人左右，運用商業系統式運作，保持營運及持續地擴張，亦持有品牌及市場認受性。例如李嘉誠先生旗下擁有的企業，擁有多個國際項目以及數以萬計的員工，這些員工已能為他分擔一切工作，就算李嘉誠不參與任何業務工作，仍然無阻他每年透過這企業收取巨額盈利，這就是 B 的象限。B 主要透過槓桿人力獲利，因此 B 轄下有許多 E 及 S，這種類型槓桿稱為 OPT（Other People's Time），亦是營運生意的終極目標。

終極生意的定義：一項無需親身參與而又持續有利可圖的商業模式。

我研究多年才能成功創立 B 象限事業，現時持有不同的企業，其中一間公司在香港持有近二十間家品連鎖店，由 2016 年起我已沒有參與實際營運，連鎖企業在 2023 年營業額達 7000 萬元，於疫情期間業績均能保持每年持續上升。雖然起初創立企業難度極高，然而後期所得回報卻很驚人且穩定，並能享受時間自由，就是 B 象限模式的好處。

I = Investor（投資者）

　　I 透過投資產生穩定長期回報，不少人認為投資股票市場就歸於 I 象限內，甚至以為付首期置業等於投資，然而真正的 I 應能即時產生利息的正回報。例如你有 100 萬元，擺放於定期存款收取利息，假設銀行提供 6 厘（6%）年利息，那麼你每年就可收到 6 萬元利息。這就是「即時產生利息」的正回報。如果你購買的物業能產生正利息回報，才真正屬於 I 象限，否則不能產生正回報的都不算數。

　　即是如果你的物業每月收租 1.5 萬元，而每月供款 1.8 萬元，那就不是即時產生利息的正回報，因此暫不屬於 I 象限之中；可是如果你每年加租 1000 元，三年後租金達至 1.8 萬元，能夠剛好抵消每月供款，這時你就達至收支平衡。在第四年時若你再加租 1000 元，這時的物業就能產生正現金流，這個狀態就是 I 象限。I 主要透過槓桿金錢去操作，例如你以小額的金錢去給首期買樓，卻能擁有整個物業的回報，投入少量金錢卻能操作大額的投資成果，這類型槓桿稱為 OPM（Other People's Money）。

　　例如銀行願借予你 100 萬元，並只收取年息 2 厘（2%），即一年共 2 萬元利息。同時你將借來的 100 萬元放進 6 厘（6%）的定期存款中收取利息，每年償還 2 萬元利息同時仍賺得 4 萬元息差，你自己分文不出，每年穩定賺取 4 萬元，這就是 OPM，槓桿他人的金錢的操作。

　　如果你買入股票時以低買高賣，賺取資本增值，這就不屬算 I 象

限，仍只在 S 範圍之內，因為必須透過個人專業的投資知識及技巧去操作，也是手停口停的模式。ESB 三個象限中的人，只要增加 I 象限的知識及眼界，便能將金錢轉到 I 象限中，以投資獲取固定利息，從而得到穩定的投資回報。

　　B 及 I 屬於槓桿式收入類別（或稱被動收入類），這是我們在經濟目標上要邁向的類別。若你有眾多的人生目標、夢想或欲望，可是沒有金錢支持，也沒有時間去實踐，那這些夢想還能怎樣執行？因此解決人生中財務及時間的問題，是大部分人需要面對的基礎問題，可是大多數人沒有這種知識及眼界，因此才會對人生前景及目標很迷失。

建立清晰的欲望

　　欲望是推動人類向前的重要因素，在拿破崙・希爾博士的研究之中，發現所有富人都有清晰的欲望，並且一生讓自己追隨這些欲望，以致人生不斷向前進，同時財富亦不斷增加及累積。可是知識及眼界會局限我們的欲望，這一章的目的是讓你了解富人設定目標及欲望的方法，同時亦希望能令你開闊知識及視野。請好好思考，你今日是位於 ESBI 中的哪個位置？你想達成財務自由，一生不用為金錢煩惱嗎？你想擁有時間自由，每日選擇怎去運用寶貴的時光嗎？在富人的知識及眼界中，必定是專注於 B 及 I 的象限中，就算這刻自己仍然身處於 E 或 S 的象限之中，可是卻很清晰 B 及 I 才是追求的狀態。今天起請你讓自己對 B 及 I 的象限產生想追求的欲望，並且增加在這方面的知識及眼界，這是你致富的關鍵第一步。

　　1962 年 9 月 12 日，時任美國總統約翰・甘迺迪（John Kenne-dy）發表一則演説，表示我們選擇登月，我們選擇在這十年內登上月球，並非因為這是一件易事，反而正因為這件事十分困難，所以我們志在必得。十年內我們要將太空人送上月球，並且平安地把他們帶回地球。當時的民意調查顯示，近 58% 美國民眾不支持，連美國太空總署都沒信心可以成功做到。而正因為甘迺迪的堅決，讓太空總署知道沒有退路，目標和時間已經訂好，唯一可以改變的只有方法。最終在 1969 年，尼爾岩士唐（Neil Armstrong）成為世界上第一位踏足月球表面的人類 [3]。

　　今天我們要訂立的目標及欲望絕對不會比登陸月球困難，如果人類連如此困難的事亦可辦到。即是説我們只要有強烈欲望，就算目標多困難，我們終必可以找到方法去達成。你這刻聽聽自己的心，你有甚麼發自心底的欲望？有甚麼想達成的目標嗎？如果有的話，這一刻你就拿出你的筆先寫在筆記簿上，並按照以下方法去做。

運用潛意識提示去強化目標意識

　　當你已經預備好透過自我暗示修改潛意識，便運用以下技巧每日提醒自己，將目標深深打進自己的潛意識中，否則這只是一個想法，過一段時間就會忘記。請按照以下程序去做：

3　John F. Kennedy, "Address at Rice University on the Nation's Space Effort," September 12, 1962. National Aeronautics and Space Administration (NASA).

1. 先將目標用文字清晰記載下來；

2. 將自己的目標清晰寫好貼在當眼處，並且每天朗讀最少一次；

3. 將目標化成可以理解的圖像或簡單的文字，製作成手機壁紙；

4. 設定鬧鐘，每天重複定時響鬧，例如：目標是在 2030 年 12 月 31 日我要擁有 100 萬美元，或我要在今年起與爸媽每年去一次旅行都可。目標必須具體清晰，並且有可量化的數字及有準確的時限。

潛意識提示的重點，在於每天在不同環境中經常無意識看到或聽到。即使目標暫時未能達成，或覺得距離遙遠，每天的響鬧裝置總不可關掉，皆因這是提醒你的方向，只要你每天不放棄不斷提醒自己，以長年累月時間建立你的潛意識，慢慢你會看到當中的威力。只要在你的潛意識中成功將目標植根，就會在生活不同的環境及細節中，看到很多達成目標的機會及做法，將會遇上很多能幫助你完成目標的人，也會在日常的思考中，甚至每晚睡夢中生出很多創意意念，這些人都是帶領你達成目標的方法。

一個人的意念放到哪裏，生命的力量便會聚焦投放到哪裏。因此每個人都令自己身心一致，意思就是行動跟潛意識要一致。若你行動上做銷售工作，可是你內心潛意識很討厭這份工作，那麼你的結果必然銷售失敗收場，因為你的身心並不一致。因此，重點不是我們現在在做甚麼，而是我們的心深處相信甚麼。透過每一天各種提示，我們把各種對我們有益的信念及目標一天天地注入我們自己的潛意識中，這個行動看似簡單，背後的威力卻十分強大。拿破崙·希爾博士在一百年前的著作

《思考致富》中，便深入講述這種力量的威力。每天朗讀一遍自己的目標，這是很多人都會忽視或看輕，其實是透過聲音把信念刻入潛意識的方法。著名香港武術演員李小龍先生亦深明這個道理，因此到今天為止你都能在互聯網上輕易查找到他當日定下的目標，而且這些目標在寫下來後都一一達成了，也成就了他一生的輝煌成果。

第 三 章

建立信心

（在《思考致富》英文原文中，第三章的題目是「Faith」，中文版譯作：信心。）

不要因害怕失敗而不敢贏。

太多人害怕失敗，因此一生都不敢行動，怕輸 VS 敢贏，是成功及失敗的分界線。其實有害怕的情緒乃人之常情，最大分別是你會否在害怕時仍行動？害怕歸害怕，做還是要做，害怕亦照做才是成功做事的第一步。特斯拉電能車公司（Tesla）老闆馬斯克（Elon Musk）在一次訪問中，被問及成功的祕訣，他分享他一直堅守一個名為 10% 目標定律（10% Goal Law）。意思就是無論在生活中想要甚麼，他都會讓自己堅持做十次嘗試，無論成敗與否，享受與否都要堅持讓自己嘗試十次。只是他發現，大多數人都不會堅持嘗試十次。更可怕的真相是，多數人連一次都不敢嘗試，要他們嘗試走出嘗試的第一步實在難於登天。10% 目標定律的意義在於：你需要學會積極面對 90% 的失敗。當你願意從今以後對你想要事嘗試十次，要麼你會得到你想要的東西，要麼你會得到一些你從來都不知道自己能得到的東西。可是大多數人只想後退一步不敢嘗試走出第一步，因為他們實際上從不敢為自己去爭取些甚麼。因

此只要你凡事願意給自己機會去嘗試十次，實際上你已甩開 90% 的失敗者。

　　沒有人能直接獲取成功，更沒幾個長勝將軍，當你有件事想要去追求，首先要忍受最愛你的人潑冷水。如果有人懷有惡念攻擊你，反而成為你邁向成功的推動力，可是疼愛你的人為你好而潑你冷水才最難受。前美國總統 Barack Obama（巴拉克‧奧巴馬）自傳《A Promised Land》中指出一個鮮為人知的故事。在 2000 年左右的時候，奧巴馬由於參選聯邦眾議員落選，他欠下一身債務。當時他也有出版書本去增加收入，可是當時的名氣並不好，因此賣書這筆錢並不夠支援他的開支。奧巴馬的朋友為表示對他的支持，刻意邀請他到洛杉磯出席民主黨舉辦的活動，一心想着可藉此給他更多認識人脈的機會，也藉此安慰他落選的心情。可惜當奧巴馬落機後發現自己的信用咭已爆額，不能坐的士去現場。最終他失魂落魄的去到現場時，由於活動已經開始，他被拒絕於門外，只能在門外看電視直播。由於他已完全沒有錢，這天晚上也只可睡在朋友酒店房的沙發上，這年他 40 歲。他回到家後，向太太說他不甘心並要再次參選聯邦參議員。太太對他說：「放棄吧，我們已經連開支都不足以應付了。」對於一個連眾議員都不獲選的人，要再越級去再選參議員，太太對他失去信心也是情有可原。可是太太最後也軟化了，對他說：「最後一次！可是這一次我不會為你助選，也不會投票給你。」終於這一次奧巴馬當選了，由於民望很高，幾年後他選擇競選總統，他做到了，這年他 48 歲。誰想到一個在八年前窮得連士都沒錢坐的人，八年後成為美國總統？沒有人能隨隨便便成功，當身邊最親最愛的人都不支持你時，你能堅持你的選擇嗎？當沒有人對你投以信心一票

時，能對自己保持信心嗎？這就是信心的功課。

2003 年，中國的阿里巴巴因忌諱 eBay 進入發展中國市場，於是在沙士期間祕密推出「淘寶網」，生怕 eBay 搶去中國電商業務，不出數年時間淘寶網已是雄霸中國電商界的王者[1]。當全世界認為淘寶已沒有對手時，2015 年才創業的「拼多多」專打團購業務，殺出一條血路，面世僅短短三年，2018 年已於美國上市，上市當日市價已逾 1000 億元，日訂單量僅次於淘寶[2]。

當 Facebook、YouTube 雄霸全球社交平台時，全世界均認為社交平台屬於美國人的天下，2016 年抖音異軍突起，由中國人建立的社交平台，創業僅五年時間，在 2023 年的用戶量已高達 15 億，該年收入更達 161 億美元[3]。以上例子皆告訴我們只要我們敢贏敢行動，幾年時間就足夠翻天覆地，不要因他人成功而停步。如果你今天轉變思維並且改變行動，你怎能預料到八年後的你會在哪個高度？人生中只要做對選擇及行動，並願意全情投入五至十年時間，已足夠令這世界有翻天覆地的轉變。

1　Porter Erisman, Alibaba's World: How a Remarkable Chinese Company is Changing the Face of Global Business, Palgrave Macmillan, 2015.

2　Lulu Yilun Chen, Influence Empire: The Story of Tencent and China's Tech Ambition, Hodder & Stoughton, 2022.

3　"TikTok Revenue and Usage Statistics (2024)," Business of Apps, accessed June 4, 2024, https://www.businessofapps.com/data/tik-tok-statistics/.

敢贏 VS 怕輸

　　每當我們有一件事在內心中產生欲望時，同時內心便會生出兩個念頭，一個是「我如何才能做到」的正向念頭，另一個就是「我有可能會失敗」的負向念頭。當我們選擇「敢贏」時，便會看到方法及希望，因此會敢於行動及嘗試；當我們選擇「怕輸」時，便只會看到失敗的各種可能性，最終令我們決定放棄。每時每刻我們都有選擇的權利，你慣常的選擇是甚麼呢？

信心由經歷而建立

　　敢贏思維是第一步，接下來大膽構思、貼地行動，才是成功的關鍵。不知你有沒有曾去過香港的大帽山？自從我 20 歲擁有第一部車起，我就經常駕車上山，中途有段位置能遠眺元朗，我曾與朋友一起野餐，這位置我去過很多次，十分熟悉。有一晚我獨自前行，可能因季節關係沿途竟長滿高身野草。如果人生第一次到這裏來看見整片叢林，要撥開所有野草整個人走進草叢中，你敢走進去嗎？老實說，如果我第一次到來我也不敢，可是這個地方我在過往二十多年來過無數次，我知道前面一定安全，走這條路可以去到我想去的地方，所以即使只得我一人在晚上時分穿過草叢我也絲毫不害怕，視若無物地穿過草叢。這個例子說明，你熟悉的地方你不會害怕摸夜路走進去，正如身處家中一樣，即使夜裏停電，你一樣可以摸黑上廁所。然而當你換個陌生環境，到了完全陌生的大宅中，沒有光你就不敢亂走。

🔓 **意思就是：對熟悉的事，人自然會生出信心。**

由於我們想爭取的目標，往往是我們未曾經歷過的，也對此並不熟悉，所以我們人生中對很多事情都沒信心是正常的。在心理學角度，其實甚麼叫沒信心呢？原來在我們內心深處，每一個人都不想面對失敗，失敗背後代表別人不喜歡、不接納自己，我們會想如果做得不夠好，自己就會失去價值，就沒有人會愛自己。當我們童年時，潛意識已經將「沒有人愛」的感受與死亡連結，因此直到今天我們仍很懼怕自己會失敗，一旦失敗就失去價值。你嘗試深入想想，你人生一直追求成功，其實追求給誰看呢？你一直不想失敗，其實又最怕失敗會給誰看到呢？如果我們深入地尋根究底，你會發現原來原生家庭對我們的影響很大。很多人用一生時間為求追求父母親認同，因此心理學裏有一句話：幸福的童年可以治癒我們一生，不幸的童年卻要用一生去治癒。的確，一個在健全家庭成長的人，一生做事的自信心的確比其他人大，每個人做一件未做過的事情，並且要承受其他人的期望和目光，自然沒有信心。只是我們要想想，我們做甚麼事情才會有信心呢？答案就是做經常做的事就會有信心。

如果你每天做飯給家人吃，你不會覺得做飯有甚麼問題；而如果要你下廚給香港的首富李嘉誠先生，你就很容易失去信心，即使你已經每天做飯，你依然覺得李嘉誠一定會對食很有要求，你很怕自己的廚藝失禮。怕自己無法符合對方的期望，所以你就會失去自信，即使所做的事情已是你非常熟悉、有信心的。

我們時常會面對兩個沒自信的情況，第一個是當我們做一件未做過的事情時，第二個是當我們要面對其他人的期望時，意即原來沒信心做事其實只是人之常情。當然，如果你一直做事都很有自信，當然十分值得高興：然而如果你一直做事都沒足夠信心亦沒問題，須知道最重要的信念：**做事並非靠信心，而是靠決心！**

千萬不要誤解以為成功的人一定很有自信，才敢做別人不敢做的事，最後得到很大成就。其實成功的人與我們並沒有分別，當他們要做未做過的事情，並且要承受有機會失敗的風險，他們一樣會害怕，一樣會失去信心，唯一分別在於他們並非因「有信心」而做，而是因為「有決心」所以堅持去做。如果我們做任何事都要有信心才去做，這個世界哪有這麼多創新發明呢？

一百年前，萊特兄弟發明全球第一架飛機，我相信他們在開始發明飛機之前亦沒有絕對信心，而重點是他們有決心去做，才造就今天人類能輕鬆地飛來飛去[4]。五十年前的人絕不可能想像今天的通訊如此發達，人手一部智能手機，可以打電話、拍照、上網，甚至做生意，真的能做到足不出戶能知天下事。如果每一個發明者都要有十足絕對信心才去做，今天哪來這麼多偉大發明及先進科技呢？我們一直都誤會因為自己不夠信心故沒有行動力，其實真正拖着我們不行動的，是因為我們沒有足夠決心。

4　David McCullough, The Wright Brothers, Simon & Schuster, 2015.

亨利・福特（Henry Ford）創立了福特汽車公司，率先大量生產廉價汽車。在 1950 年代，全世界的汽車生產商只有 V6 引擎技術，而福特為了領先整個行業，對所有工程師下一個命令，必須要研發出 V8 引擎[5]。可惜每一位工程師都說根本不可能把八個汽缸內燃機全部放進同一個引擎裏。福特回答無論如何我們一定要研發出來，無論付出多少代價都要去做。可惜所有工程師都回答根本不可能，只由於福特一再命令，大家才繼續研發。六個月過去後研發毫無進度，工程師們依然覺得根本不可能做到；再過六個月後，研發部仍毫無進展，工程師們開始知道無論如何福特先生都不會放棄，意即他們不管如何都要成功研發成功為止。當所有工程師覺得真的無路可退，一定要做到時，大家突然看到很多可能性，最後 V8 引擎終於成功面世，至今仍是很多名牌跑車的專用引擎。

今天，如果我們覺得不可能做到，眼裏只會看到一切做不到的原因：然而如果當我們無論如何一定要做到某件事，眼前的全是可以做到的可能性。懂得運用決心思維做事的人，他們眼裏會看見成功的可能及機會，而**單靠信心做事的人眼裏只能看見失敗及恐懼。**你今天心裏有沒有一些很想做到、而一直沒信心做的事情呢？你選擇憑信心去做還是憑決心去做呢？請記住？害怕歸害怕，行動歸行動，是兩碼子事。我們仍會害怕，只是恐懼無阻我們堅決去做事，每件事情都能抱有充足決心，方能為你達成一個又一個目標，讓你透過轉變思維身心皆致富。

5　Steven Watts, The People's Tycoon: Henry Ford and the American Century, Vintage, 2006.

第 四 章

自我暗示

（在《思考致富》英文原文中，第四章的題目是「Auto-Suggestion」，中文版譯作：自我暗示。）

從潛意識中建立成功者的自我形象。

在《思考致富》一書中，自我暗示是一個很重要的心法，當年拿破崙・希爾博士編寫這著作時，心理學的研究仍然是起步階段。若用今日的心理學來形容，那就是「自我形象」的影響。今日在你內心中，認為自己是一個怎樣的人？是一個自己都欣賞自己的人？還是連自己都看不起自己的一個人呢？

若是我們內心的潛意識中，認為自己只是一個平凡的人，能力普通，定必成就也是普通。那麼你一生之中若遇上甚麼機會，你自然都會認為「這些機會不是我的」。你會逃避、害怕甚至抗拒，或許你內心中都會幻想有一日自己很有錢很成功，可是在機會來到面前時，你都會不自覺地推卻，因你內心中認為自己一生只會是一個平凡的人。

相反若果你的內心認為自己必定會是幹一番大事業的人，人生必定

會擁有大成就,那麼你的想法將會影響你的選擇及行動。一百年前的拿破崙·希爾博士發現這祕密,因此用「自我暗示」來表達這個心法。只要我們不斷持續做自我暗示,令自己擁有老闆思維,甚至成功人士的思維,那麼我們的潛意識就會慢慢被改變,我們在人生中的選擇及行動便會開始有所不同。

建立老闆思維

就算你不是一個創業者,只是一個受僱者都可用「老闆思維」去做事,這不是一種身分,而是一種思維方式。就像在一場婚禮飲宴中,就算你不是一對新人,仍然可以主動地與每個賓客握手認識,甚至幫手招呼及照顧賓客,這種就是主人家心態。相反的就是賓客心態,只靜靜地待主人家去招呼自己。今日你就是你人生中的主角,你是主動地招呼生命中每個賓客?還是被動地成為自己生命的賓客?

若你的目標是要成為一個富人,甚至一個擁有自己企業的老闆,你首要做的便是「照鏡」。在鏡中你看到的這個人是一個怎樣的人?他的形態、衣着、談吐方式以至做事方式,是你心目中的富人模式嗎?當年跟師父學習心理學時,他給我一個挑戰,就是要我穿着短褲及拖鞋,進入卡地亞去試戴店中最貴的那隻錶。當時我聽到後感到很為難,因為這個小小的挑戰已引發起我內心中的自卑感,這個自卑感就是我真正的自我形象。他跟我說,同樣是穿着短褲及拖鞋,可是進入卡地亞的是李嘉誠先生的兒子,你覺得他會自卑嗎?相信他絕對不會自卑,因他知道自己戶口中有多少財富。在這個練習令我明白到,我不是因為穿着短褲及

拖鞋所以會引起別人輕視的眼光，而是因為我內心中認為自己窮，並認為自己只是一個沒能力的平凡人，甚至自覺自己只是一個失敗者，所以我才會自卑。

《思考致富》第四章中所指的「自我暗示」，就是要修改這種內心的「自我形象」。

師父當年吩咐我要先由外面上改頭換面，要令自己看起來像個成功的人，他叫我去香港最貴的五星級半島酒店下午茶，除了因我當時只能負擔這個費用外，其次就是要我在餐廳中觀察其他人的衣着模樣及形態，要我先學習模仿他們，跟足他們的衣着品格及自信的姿體形態。他對我很深刻的一句提醒就是：**衣着是穿着給自己看的**。雖然別人看到這樣穿着時會尊敬你，可是當自己不斷看到鏡中的自己時，就會在潛意識中相信自己就是一個成功的老闆，只要我內心開始認同自己是成功的老闆，便會開始建立老闆的做事思維，那麼最後我便能真正成為一個成功的老闆，真正擁有成功的財富與成果，這就是自我暗示的威力。這種思維心法稱為：BE DO HAVE，意思即是：

BE　　　＝ 先擁有成功的狀態（心態及思維）

DO　　　＝ 再以老闆思維去做事

HAVE　　＝ 最後便會得到財富與成果

可是世上大多數人的思維模式，卻是以相反的「HAVE DO BE」去運作。他們認為若果我是世界首富，擁有洗之不盡的財富，那我就可擁

有自己的企業，又可盡情去享受人生，或做一些慈善的工作。這個時候自然便會有富人的心態及思維。這種思維方法是：

HAVE　　＝ 先擁有（洗之不盡的財富）

DO　　　＝ 便會管理企業、盡情享受人生、做慈善工作

BE　　　＝ 最後就會擁有富人的狀態（心態及思維）

　　要裝備「BE DO HAVE」心法中，最困難的第一步就是令自己在仍然貧困或失敗時，要令自己擁有「成功的狀態」。因為這個時候我們的大腦會打交，若我們生命在經歷順景時，當然有錢去買新裝，也會有閒情逸致去細心打扮，也更能容易做到感恩，並每日以正面積極態度去與人相處；可是在生命經歷逆景時，連收入都不安穩時又怎能做到「成功的狀態」？當年我跟師父學習心理學時，他教我拿破崙・希爾博士《思考致富》的學説，我對這一章節部分感到很抗拒，他對我説：「Arthur，你仍有太重的草根味。」當年我未能明白這箇中意思，可是當我聽話照做一段時間後，我才真正明白到這正是「自我暗示」的威力。一個人若能透過自我暗示轉變自己的自我形象，由覺得自己失敗的狀態轉為擁有成功的狀態，這不是正正符合《思考致富》心法「**凡是人心所能想像並且相信的，終必能夠實現**」嗎？若我的意念中認為我是一個很窮的人，我便會實現更多很窮的現況；若我的意念中認為我是一個失敗者，我便會實現更多失敗的現況。相反若我在經歷失敗時，仍能保持正面積極，保持樂觀地去應對失敗經歷，這種成功的狀態必定終必令我遇上更好的際遇，這就是自我暗示的真正威力。

運用老闆思維的威力

我曾有段生意失敗的日子，當時背負一定經濟壓力，需要一份收入養家交租維持生計，所以我就決定一邊繼續做自己的生意，另外也開始找一份工作以應付生活支出。我非常記得我去面試一份薪金極低的資訊科技業（IT）工作，工作內容是要去不同地方做維修電腦或電腦技術支援的工作，這份工作月薪只有港幣 5,000 元，沒有加班津貼、沒有佣金，也沒有任何資助，比今天最低工資時薪更差。雖然比我之前做生意賺的收入大為減少，然而正值我在經歷人生低谷，俗語說：馬死落地行。這份工作的極大優點就是自由，每天不需回公司報到，只需按單工作即可，完成當日的工作量就可以提早收工。

上班第二天，我獲安排到學校工作，帶領我工作的是比我年少的年輕人，染一頭金髮，他以為我很資深，其實我對電腦硬件及軟件甚麼都不懂。工作內容是替學校在電腦室安裝電腦，我看着金髮年輕人工作效率極低，很花時間及公司資源，所以我提出用流水作業形式安裝。以往他們需時一星期才完成所有工作，可是我在這間學校約花兩天時間便完成所有工作。原本公司想安排我去第二間學校繼續這類工作，怎料公司看到我的工作表現後，第三天就將我升職轉至其他崗位，轉至學校維修工作。當時每天的維修單量很多，團隊成員也很多，每人每天獲分派至各區學校解決電腦問題，大家爭相搶奪到市區或方便的地區工作。我每次都說把大家最不想去的區域留給我，因此我有時在同一日內一張單去元朗、另一張則去愉景灣。別人每天做六至八張單，我每天只有二至三張單，在車程中我就可以抽時間用電話繼續經營自己的生意。

　　由於我已創業數年時間，所以我已習慣研究他人的商業模式如何運作，我在這公司的工作過程中很快就摸透公司的賺錢模式是怎樣。當時公司是承接政府外判的電腦技術支援工作，並按工作人員時薪計算，即由我離開公司起計至完成學校維修工作為止。若我的工作時間愈長，公司所賺的錢便愈多。當然由於我當時的薪金只是按月薪計算，所以公司賺得再多其實亦與我無關，只是我已習慣抱有老闆心態，**所以我認為作為一個員工的責任，是盡力增加公司盈利。**我知道我當時只要令老師願意簽單，公司就可以賺錢，並且所需時數愈長，公司營利愈高。如此除了我本人可騰出更多時間，亦能替公司多賺點錢，何樂而不為呢？

　　或許是我能令大部分的老師們都滿意願意簽單，同時我又願意吃虧不介意工作地點遠，因此我再獲升職，調職至一間上市公司中管理電腦技術的工作。我被委任為團隊領導，帶領幾十幾位同事。由於當時是電子科技發展的黃金時期，因此我管理的下屬人數不出幾個月便愈來愈多，由十數人增至五十多人，所管轄的區域亦愈來愈大，接觸的高層職級更是愈來愈高。我當然繼續升職，薪金亦愈來愈高。在這裏工作約三四個月後，我觀察到公司的商業模式可以有更大的盈利空間，我便主動向我的高級經理說：「我想出一個方案可令公司賺錢，公司只要每月大約多投放 2 至 3 萬元，就可每月多賺 50 萬元左右。」沒料到高級經理聽到這番話後，竟跟我說一句讓我往後很難忘的話：「Arthur 多一事不如少一事！」

　　如果是你，你會有甚麼感受？你以後會以哪種心態繼續在這間公司工作呢？是全程投入、奮不顧身的老闆心態，還是交差了事、得過且過

的打工仔心態？

　　今天無論我們在工作上的職級是甚麼，心態才是決定我們最後成果的關鍵。

　　當我聽到高級經理這樣回覆時，我有不滿情緒，開始想構思自立門戶去賺這 50 多萬元一個月。只是我認為公司的老闆對我尚算不錯，我決定先直接對他說，如果他不願意才自己獨立。老闆那時人在日本，我越過經理直接致電老闆並將我的計劃告訴他，老闆聽畢覺得可行，然而他人身在日本，無法立即付款實行。我就告訴老闆我可先代支，他從日本回來後再還款就可。雖然我在打工，可是我仍以老闆思維做事。老闆對我寵愛有加，我在這公司中的事業，自然事半功倍，扶搖直上，節節上升。

　　若運用老闆思維做事，在面對各種機會時，便會以「敢於把握」的心去面對。若運用打工思維做事，在面對各種機會時，便會以「得過且過」的心去交差。

　　當然自此事後我再升職加薪，我在這公司約在一年半時間，期間共升職加了六次人工。升職是好事，加薪更是好事，然而後來我不只在香港工作，更要飛至不同國家工作。我在這公司中薪金不錯，仕途也不錯，老闆亦對我很好，當年我結婚甚至送贈很貴重的禮金給我。可是我腦中卻不斷有聲音跟我說：「我不是來打工，我是一個生意人，我要創立自己的事業，不可安於現狀，我要離開舒適圈。」

主動離開舒適圈

　　一個擁有老闆思維的人會主動離開舒適圈，常檢視現在的狀況及釐清自己的真正目標是甚麼，每個人最大的戰場均在自己心中。人只要一旦安於現狀，就不想離開現有舒適圈，一來害怕失去現時所擁有的一切，二來害怕重新適應新挑戰。因此不少人一份工作一做幾十年，付出一生全為公司，到退休時卻沒有半點分成。假如老闆不喜歡你，更可用各種原因刁難你，甚至辭退你。打工的好處是安穩，而壞處就是太安穩，人若停留在舒適圈中太久便會失去警覺性，甚至慢下來不再成長，更甚的會慢慢失去競爭力而不自知。

　　我當時做了一個全世界也反對的選擇，就是決定辭職再創業。雖然當時要面對很多挑戰，然而由於我敢於再次踏出創業的路，因此令我在後來賺了人生很重要的一桶金，也得到很多營商上寶貴的經驗。

　　2001 年，全球科網股爆破，股市崩盤。舊公司的高級經理致電給我，問我有沒有好工作介紹，因舊公司生意一落千丈，他只可維持半職。我心裏記住當天他曾對我說「多一事不如少一事」，當年仍年輕的我沒有聽他的話，這次我很乖，我完全依照他的話去做。

　　一個人的成就不會大於自己的心態，現在馬上來反思一下：你這刻有沒有停留在舒適圈之中？在可努力拼勁的日子中，有沒有好好把握機會？有沒有運用「老闆心態」來打造自己的事業？我們更需時刻管理自己內心中的「自我形象」。若是我們今日習慣以打工思維做事，以「做

多一事不如做事一次」的心來工作，那麼我們的自我暗示中，便會呈現我就是一個「打工仔」的形象，那麼我們最後人生得到的，將很難獲得巨大的成就。今日就讓我們由最小的事情上，去運用自我暗示去改變自我形象，例如：

- 在衣着上轉變成更似成功人仕
- 在表情上多加笑容
- 坐得直、企得直、不撓手
- 説話發聲有力，語氣肯定
- 與人相處多加熱情
- 主動對人伸出援手
- 在工作上主動承擔，不怕蝕底
- 胸襟廣濶，不斤斤計較
- 在經歷人生低谷時，仍樂觀積極地面對
- 不抱怨、不説他人是非
- 凡事欣賞、凡事感恩
- 敢於主動有智慧地道出自己想法
- 敢去行動，爭取及達成目標
- 不輕言放棄
- 主動跳出適舒圈
- 不斷努力學習，追求更大的成長

第 五 章

專業知識

（在《思考致富》英文原文中，第五章的題目是「Specialized Knowledge」，
中文版譯作：專業知識。）

要掌握得到知識的方法。

在 15 世紀中葉，印刷術的科技正式出現，代表人類可以更輕鬆地印刷書籍，令到知識及教育正式普及化[1]。及至 1900 年，全球有約一千萬到二千萬本書籍左右[2]。這些書籍在歷史上扮演着記載知識的重要角色，令人類的知識及智慧得以承傳下去，也令人類文明不斷擴張。在科技高速發展的過程中，新的知識產生的速度比過去快得多，截止 2000 年，全球書籍已超過一億本[3]。

1   Elizabeth L. Eisenstein, The Printing Revolution in Early Modern Europe, Cambridge University Press, 1983.

2   Robert Darnton, The Case for Books: Past, Present, and Future, PublicAffairs, 2009.

3   UNESCO, Statistical Yearbook 2000, United Nations Educational, Scientific and Cultural Organization, 2000.

　　數據證明每日都有大量新的知識產生，若果我們仍在不斷追求大量專業知識，已經來不及追上新知識的產生。意思即是說，一個大學生若在大學四年時間內選修市場推廣的專業知識，可是由於大學的制度需要很長時間才能審核這些知識，因此當知識被通過可在大學內教授，並且當這些學生在四年後畢業時，他們就會發現這些知識已過時。因為最新的網上推廣模式每年都在高速更新之中，只能夠在該行業中實戰才能掌握最新的知識及技能。

　　在一百年前《思考致富》一書出版時，第五章〈專業知識〉的道理很容易理解，意思就是要掌握一門專業知識，並透過這個專業知識幫助你提升財富，建立更高的社會地位。可是在一百年後的現今世界中，知識已愈來愈不值錢，因為很多知識已經可以簡單在網上查詢，便能得知一切答案。在 2022 年誕生的 AI 人工智能對話系統後，很多過往的專業人士都開始面對失業問題，因此 AI 系統能輕鬆回答醫學專業問題、能編寫程式碼、能替你編寫文章、自生生成仿真度極高的相片及影片。若我們仍然沉醉於一項專業上，除非你是全球最領先的知識及科技，否則當你花數年時間去到大學修畢碩士後，仍會發現該知識很大機會已經過時。因此我們要掌握三種學習心法：學習的思維、學習的能力以及學習的祕訣。

學習的思維

　　你現時持有大學學位的學歷嗎？

　　2003 年，師父向我分享：一個大學學位平均約需修讀 120 學分，

即每個大學生在大學生涯中共需用一千五百小時學習一門專業。而只要我們願意每天閱讀或學習六十分鐘於一個專業範疇內，每四年時間的知識量已相當於一個學位。他身體力行，每天不斷學習進修，他人生獲得三個不同範疇的博士學位，在 2023 年離世之前他依然堅持每天不斷學習。

你每天投放在手機消閒上的時間超過一小時以上嗎？若只需抽出每日瀏覽社交媒體或玩手機遊戲的其中一小時去學習，我們便可以做到建立專業知識。可是，即使我們願意這麼做，只做一天不會有任何效果，做一個星期也不會有效果。這種做法實在沒趣，亦遠不及玩手機快樂；可是當你持之以恆，願意用一年、十年甚至二十年持續做，人生將有巨大轉變。

18 歲的時候我開始創業，因我只有香港的中五程度學歷。以這個學歷我能找到的工作薪金不會高，也不會有很大的仕途。可是我透過不斷每天學習，不斷閱讀，不斷聆聽錄音書及上課，不斷學習新事物新思維，亦不斷思考及進修，並已持續二十年時間。現在回頭一望，我早已突破中五學歷對我人生及收入的限制，並能創造我想要的人生。

千萬不要看輕思維上微小的轉變，同樣地，只要你在思維中了微小的「病毒」，並且持續任由錯誤思維滋長，例如拖延、逃避、埋怨，重複錯誤行動。只一次半次影響不大，可是持續十年、二十年後，錯誤思維的破壞力就會顯露，方會發覺自己一事無成。

學習的能力

　　既然現今每天都有不同的新知識誕生，我們要專注學習的，已經不可再是單一範疇，我們要先學習「怎樣找到知識的答案」。自從谷歌（Google）的出現，我們已經可以在網上輕鬆找到各種類型的資訊；自從 YouTube 的出現後，已有各種不同的知識教學在各個頻道免費出現；自從各個社交媒體的誕生，我們更可在一些資訊性的平台中得到大量知識，例如：Coursera、Udemy、Khan Academy、知乎、學堂在線以及小紅書等。既然我們已經沒可能裝備所有知識進腦袋中，那麼我們首要做的，便是懂得問問題及懂得找答案。在腦中要裝備「我可以主動去找答案」的想法，讓科技成為自己的大腦的延伸。令自己習慣去尋找答案，也懂得如何去尋找答案，這便是學習的能力。

學習的祕訣

　　獲得知識最有效的方式，就是親身去體驗該範疇的事。在我還不到 20 歲時已經營過三間公司，可是我自知營商知識及經驗不足，於是我決定出去打工，想以一個臥底身分去學習怎樣營運一門貿易生意（Trading），因此我去了九龍官塘鴻圖道一間公司應聘做採購員（Merchandiser），在這公司裏我沒有名字，也沒有地位，老闆只叫我做「小子」。由於我是一個完全沒有經驗的新丁，因此在公司中我是地位最小的一個，所以我在偷師時要付出額外代價，就是每天我要額外負責清洗水缸。

　　有一次，我被罵了一句終此一生無法忘記的話。事情起因是我的工

作需要負責拍攝產品，以整理成產品目錄，於是我就為產品拍照後就交貨給上司。怎料上司收到我提交的照片後很生氣地對我說：「如果我需要搬字過紙的員工，我只會聘請一名文員。我聘請你，就需要你經過大腦思考才做事！」我被罵後感到極難受，然而我從這次經驗學懂最重要的道理：不止做完一件事，更要做好一件事。當商業臥底打工的日子裏我獲益良多，小事如操作數碼相機、文件儲存方法、如何處理辦公室政治、了解員工心態等；大至如何參與展覽和客戶討價還價、如何尋找海外客戶、如何在國內尋找工廠生產，以至處理國際物流及打造自己的展品室、產品包裝、定價、了解競爭對手等。經此一役後，我明白貿易世界如何運作，更學懂這門貿易生意如何運作。

　　我曾有一位跟隨我多年的徒弟，跟隨我學習一段時間後，一心想創立自己的業務，他選擇售賣水果，既有固定需求量，也有發展空間前景。徒弟知道如要入行先要當臥底一段時間以摸熟水果行業運作，於是他決定放下身段去街市應徵，在一個街市中來來回回走了數小時。即使早已鎖定目標店舖，他內心仍很害怕，猶豫數小時後，終於強迫自己直接走進去，他刻意穿着背心短褲和拖鞋，並隱瞞自己大學畢業，扮作學歷不足要賺錢，膽粗粗的走到老闆面前問聘請員工嗎？老闆看一看徒弟這麼年輕便說：「這行很辛苦的。」他回答辛苦沒問題，家裏很需要錢。老闆很爽快就聘請徒弟，雖然在這段臥底日子中確很辛苦，很早上班，賣水果需要體力勞動，然而在過程中確能學懂整間水果店運作、所有進貨過程等。辛苦並非徒弟所遇到的最大問題，最尷尬是遇到熟人，他之前一直自己經營生意更認識不少人，曾有不止一次看到熟人經過購買生果，他想盡辦法躲起來，一來免得尷尬，二來不想被拆穿，破壞他的臥

底計劃。最終臥底數個月後，徒弟學懂一切後就下山創業，現時經歷數年努力後，最後他擁有數間生果店門市，另亦設網上訂貨，並在市況不錯時，高價將生意賣出獲利一筆。

　　1947年，李嘉誠從內地逃難到香港，因不願長期寄人籬下，便前赴塑料廠當推銷員。翌年由於李嘉誠推銷成績出色，20歲時便升任為總經理。1950年22歲於筲箕灣創辦長江塑膠廠，印證「打工等於別人出錢教你做生意」這道理[4]。1957年，意大利塑膠廠註冊專利技術，李嘉誠就飛去意大利做臥底，當非法清潔工，一邊偷師一邊認識商業夥伴拓展人脈，最後除了學到技術更掌握市場需求[5]。回港後，李嘉誠將公司定位專門攻打「塑膠花」市場，用了八年時間將生意額推至每年1000萬港元，賺到人生第一桶金，更獲「（塑）膠花大王」稱號，後來將這筆資金轉攻地產，才發展成香港首富這等事蹟[6]。若你今日需要學習一門專業知識，請讓自己進入該行業中，直接每天學習最新最實戰的知識。任憑有再好的老師，又或你找到很專業的書本或資訊，都不及你在行業之中親身實戰，這是學習的真正祕訣。若不能掌握專業知識，在今時今日的世界中，已很難追上世界的發展，因此就更難去成功。千萬不要說一句「我不懂」便停下來，因機會不會等人，選擇慢下來的人只會被世界淘汰。每時每刻，都要保持進步及成長的心，活到老，更要學到老。

4　Joe Studwell, Asian Godfathers: Money and Power in Hong Kong and Southeast Asia, Atlantic Monthly Press, 2007.

5　Anthony B. Chan, Li Ka-shing: Hong Kong's Elusive Billionaire, Oxford University Press, 1996.

6　Richard Roberts, Li Ka-shing: The Making of a Super Billionaire, Wiley, 2018.

第 六 章

敢於夢想

（在《思考致富》英文原文中，第六章的題目是「Imagination」，中文版譯作：
想像力。）

想像力是驅使人類進步的一大關鍵。

你喜歡自駕遊旅行嗎？

幾年前我曾經自駕遊，在印尼的火山口遊歷，在那裏認識了一位當
地朋友，在他們的小村莊裏，我看到一個令我很震撼的場景 —— 一群
大約 8、9 歲的小朋友自己駕駛摩托車上學，最驚訝的是他們甚至已載
着另一名幾歲小朋友。我到達他們的小村莊時，正是學生放學時間，因
此我看到小朋友他們一個緊接一個的自己駕車離開[1]。由於我當時感到極
其驚訝，於是我就忍不住問這個朋友：「喂，你們這裏從幾歲就開始學
習駕駛摩托車？」朋友淡然地回答：「大概 6 歲吧。」6 歲！我十分驚

1　"Kids Riding Motorcycle Without Helmets Taught Lesson by Cop," Indonesia Expat, 22 July
2018. https://indonesiaexpat.id/news/kids-riding-motorcycle-taught-lesson-cop/

訝，於是再問他，那你們幾歲開始學習駕駛車輛？朋友回答大概 10 歲左右。

我在香港土生土長，一直接收的資訊是人要到 18 歲才可以學習駕駛，老實說我心裏始終覺得 6 歲小朋友不可能有能力駕駛摩托車，始終摩托車比小朋友還大輛，馬路上到處有車，他們怎可能有足夠的應變能力顧及路面情況呢？年紀這麼小就讓小朋友駕車是不是有點危險？而當我一邊駕車，一邊看着車子側面經過一輛又一輛小朋友駕駛的摩托車，我就明白甚麼叫**限制性思維**了。

在香港，18 歲才可以學駕車，當然基於很多安全和法律的因素，然而會不會同時限制了我們的信念，**讓我們認為人要滿 18 歲後才有能力控制一輛車子的安全呢？**看着這群小朋友駕車，我突然明白其實每個人均有很多潛能，人的潛能真的比我們所能想像的大很多，我立刻反思我人生中有沒有限制過我自己？或者我有沒有被他人限制過我自己？因而一直以來我有些事情覺得自己不可能做到？

在印尼這條小村莊，資源不多，環境貧瘠，村民經濟不富裕，反而他們更沒有那麼多限制性思維。他們敢想，敢試，敢行動，比起我們住在城市裏，即使我們知識水平相對較高，見識較廣，然而同時亦增加了我們的限制性思維。我們常常預知事情的困難位置，也能預算失敗後的情況，然後就開始幻想到時候會如何被別人看待，最後我們被想法困住，不讓自己行動，連幻想、連嘗試都不敢。**會不會我們一直被自己限制很多潛能，使我們人生白白錯過許多機會，就連自己都沒發覺呢？**

　　之後我將這段印尼的經歷與一對好朋友分享，當時他們剛生了一個很可愛的女孩，聽完這段分享後便決定從此不限制她，即使只是剛出生的嬰兒也好，也把她當大人一樣，敢與她聊天、相處，或許她真的聽得明白呢？之後這對朋友真的沒跟嬰兒說嬰兒語言，甚麼都跟她有傾有講，把她當成成年人一般會詢問她意見，尊重她的選擇和想法，有甚麼事都好好解釋給她聽。這麼多年來我看着這名小朋友成長，她真的比一般小朋友成熟和聰明許多。回想一下，為甚麼這麼多父母會對嬰兒說嬰兒語言呢？會不會因為我們早就認為嬰兒根本聽不明白我們的話，會不會當我們對嬰兒說嬰兒語言時，一早就在無意間限制了他們的潛能呢？

　　根據科學研究，原來初生嬰兒雖然在機能上未能發展到可以完整説話表達自己，他們卻可以透過聆聽及模仿來學習語言，並可以從日常生活的聲音和語調裏學懂語言，逐漸可以學會發出簡單的音節和單字[2]。所以如果父母常和小朋友說嬰兒語言，反而會限制他們的語言能力，使他們的發展更遲緩[3]。如果我們覺得那名小朋友只得幾歲，根本學不懂使用筷子、學不會綁鞋帶，甚麼都幫他做好，就確實會令他們的發展遲緩很多，才能學會許多技能。在我們成長過程中，我們有沒有曾被他人限制我們的潛能，以致我們今天有很多事情都自認不可能做到呢？例如一看書就會說很睏，又例如常說自己很怕算數，是數字白痴；例如我們不懂

2　　Kuhl, P. K. (2004). Early language acquisition: Cracking the speech code. Nature Reviews Neuroscience, 5(11), 831-843.

3　　Fernald, A., Marchman, V. A., & Weisleder, A. (2013). SES differences in language processing skill and vocabulary are evident at 18 months. Developmental Science, 16(2), 234-248.

打字、不懂用電腦，又覺得自己不懂公眾演講，覺得自己學習英文不管如何都無法學好。回想我們小時候，我們都並非正統地學習語言，不又是一邊聽一邊磕磕碰碰地學習，今天不是一樣講得很流利嗎？為甚麼我們長大後的今天，反而很容易覺得自己學甚麼都學不懂呢？會不會我們在不知不覺中已經為自己建立很多限制性思維呢？今天限制我們，令我們覺得甚麼都無法做到的，會不會正正就是我們自己呢？

的確，我們活在世上，真的有些事情我們很難做到。然而，我們會不會在很多時候連嘗試都沒有就先判了自己死刑呢？透過印尼這群駕摩托車的小朋友，實在很值得我們反思。如果他們 6 歲就可以學會駕摩托車，我們是不是也同樣有很多潛能，其實可以好好發揮呢？或者我們只需要變回一個 6 歲的小朋友，想法簡簡單單，甚麼都去嘗試去做，讓自己相信其實我們亦有無限潛能，人生亦有無盡可能性。只要我們不限制自己，或許我們也可以做到很多看似不可能的事情，在接下來的人生中能發揮更多未知的潛能，跳出自己為自己設限的條條框框，讓自己勇敢嘗試更多的可能性。

2001 年，剛滿 30 歲的馬斯克（Elon Musk）賣出持有的公司共獲得 1.65 億美元身家 [4]。他年青又富有，絕對可以選擇退休享受人生，然而他卻有一個夢想，他認為人類不斷破壞大自然，終有一日地球無可避免會凋亡，他想在這天蒞臨前推動全球變得更環保，因此他經營特斯拉

---

4   Vance, A. (2015). Elon Musk: Tesla, SpaceX, and the Quest for a Fantastic Future. Ecco.

公司（Tesla），推動電動車項目，並且同時推動令人類可移居其他星球的科技，推動人類成為「多星球物種」，因此他成立太空探索技術公司（SpaceX），開始以私營機構去研發火箭。我們以為他擁有該領域的專業知識，也有用之不盡的金錢去投入研發，哪知原來他完全沒有航天科技的學位，他一切關於火箭的知識均來自書本，並且他的 1.65 億美元身家在研究宇宙航天科技面前，根本不值一哂。他抱着這個夢想，親身飛去俄羅斯目標用 2000 萬美元買三枚洲際彈道導彈，一心想着透過拆解整支火箭去學習其火箭技術，可是換來只是被人戲弄的結果。最後他決定由零開始研發，自家生產屬於自己技術的火箭。

在 2008 年時，SpaceX 公司已研發火箭第六個年頭，期間試過三次試射，可惜每次都是爆炸收場。他私人的資金已經所剩無幾，只有最後的 4000 萬元資金，他要做一個艱難的決定：

1) 他可選擇拿着 4000 萬美元金離場，享受退休的人生；
2) 他可選擇投資兩間公司，包括特斯拉公司（Tesla）及太空探索技術公司（SpaceX），可是兩間公司因資金不足，很快便會倒閉；
3) 他可選擇將資金只集中投去其中一間，然而另一間便會即時倒閉。

若果是你，你會怎樣做？

他是一個有夢想的人，他決定將自己僅餘的所有金錢，全部押入這

兩間公司當中，因任何一間公司倒閉他都捨不得，兩間公司背後都代表着他的夢想及使命。終於 2008 年 9 月 28 日，他僅餘的錢只夠 SpaceX 公司做最後一次的試射，若果成功則可以獲得美國太空總署數 10 億元的合約，若果失敗便要面對倒閉的結果。終於馬斯克迎來重要的一次成功，創造出民營航天科技的奇跡。透過這次成功，他再次得到資金繼續營運他的企業，這一天距離公司破產只餘下最後三天時間。十三年後他更首次成為世界首富，成為首富當日他的身家相等於比爾・蓋茨（Bill Gates）及巴菲特（Warren Buffett）二人的總和。誰想到一個快要破產的人，憑着一個夢想及一個堅持，能於十數年後成為首富，他的科技更影響及震憾了整個世界[5]？

2021 年，即馬斯克成為世界首富的同年，中國小米主席雷軍在新產品發佈會中語出驚人，正式宣佈進軍智能電動車領域。這個行業他從未踏足過，並且在之前中國已有企業因研發電動車最終導致破產收場。前車可鑑，因此他一定充滿壓力，而他選擇公開承諾未來十年投資 100 億人民幣進軍此領域[6]。

2024 年 02 月 28 日，美國蘋果公司宣佈正式放棄名為「Project

5   Isaacson, W. (2023). Elon Musk. Simon & Schuster.

6   "Smartphone Giant Xiaomi Officially Revs Up Smart Car Business," Caixin Global, September 2, 2021. Retrieved from https://www.caixinglobal.com/2021-09-02/smartphone-giant-xiaomi-officially-revs-up-smart-car-business-101767934.html.

Titan」泰坦電動車計劃[7]，中止努力十年並耗資數 10 億美元的電動車研發計劃。蘋果公司市值近 3 萬億美元，為何都選擇放棄這計劃。很大程度便是由於中國近十年的電動車發展速度太快，並且能做到極低的成本及售價。蘋果公司預算自家電動車最少定價為 10 萬美元左右，以這個價格在市場上完全沒有競爭力，所以果斷止蝕中止項目。

自雷軍宣佈小米踏足電動車領域後三年於 2024 年，小米正式將電動車推出市面，售價只需 3 萬美元，除確保全年必定能交付十萬輛車，更大膽挑戰全年交付十二萬輛。我們不知道最後小米智能電動車能否一直保持成功，然而雷軍的行動卻表達出，敢於有夢想的人是可怕的[8]。

《思考致富》第六章所指的「想像力」，便是指敢於夢想的威力！

今天你敢去夢想嗎？還是你內心已有太多限制性思維阻礙着你，使你連敢夢的力量都沒有？在我人生中曾夢想過的事情有很多，可是同樣失敗的也很多。只是我敢去夢想，也敢去行動，失敗並不可恥，若連夢想也不敢去想，嘗試也不敢的，這樣才是人生中真正可恥的地方。今天你有自己的夢想嗎？每個人的夢想都沒有可比性，有人在藝術上有所追求，有人在事業上追求，有人在家庭或愛情上有所追求。夢想不需

---

7   "Apple cancels its electric car project," NPR, February 27, 2024. Retrieved from https://www.npr.org/2024/02/27/1234315814/apple-cancels-electric-car.

8   "A Chinese smartphone giant will launch its first electric car in 2024," Electrek, October 19, 2021. Retrieved from https://electrek.co/2021/10/19/a-chinese-smartphone-giant-will-launch-its-first-electric-car-in-2024/.

要偉大，也不需要龐大，最重要是敢讓自己去擁有夢想承認夢想。你內心真正想追求的夢想是甚麼？你敢去讓別人知你的夢想嗎？你敢於去嘗試，那怕最後會失敗都好，你願意讓自己放手一搏，讓自己經歷無憾的人生嗎？假設你的夢想是要達成 100 分，怎樣經過你最大的努力後，最後也只能達到 60 分。請不要以為這是失敗，因為你已憑空創造出 60 分，比起那些仍然原地踏步仍站於 0 分，卻不斷去嘲笑別人的人來說，你已領先過他們很多了。

現在就安靜下來，聆聽一下自己的心，用紙寫下你的夢想吧。

第　七　章

執行計劃

（在《思考致富》英文原文中，第七章的題目是「Organized Planning」，中文版譯作：條理分明的計劃。）

沒有計劃的目標只是空想。

　　人生需要規劃！有些人認為人天生天養就可，船到橋頭自然直，可是我卻不這樣認為。假若你想讓子女入讀美國哈佛大學，相信你需要在孩子仍在小學階段時便已經要開始作出預備，假若兒子在就讀中六時才開始計劃想入讀哈佛，可是這時才發覺自己的成就遠遠不及入學資格，相信這個入讀哈佛大學的成功率將會微乎其微。

　　人生要規劃，夢想又好，事業生涯也好同樣也要規劃。第一章〈意念成就事實〉中提及，如果你真的想在一年後收入翻倍，除了訂立目標，你更需要懂得如何規劃，千萬不可有天生天養、覺得有得做就去做的思維得過且過。每個人都要為自己愚蠢的行為付上代價，思維上很微小的偏差，已能令生命有巨大轉變。

　　如果你由美國西岸洛衫磯乘坐飛機飛向紐約，只要在起飛時將航道

南調 3.5 度偏差，當飛機飛過整個美國大陸後，你會發現飛機將不會在紐約降落，而會降落於華盛頓特區機場中。千萬別看輕人生中這一點點偏差，光是區區 3.5 度偏差，就足以對你的人生軌跡造成莫大影響。

請你試試停一停回答以下問題，然後才繼續往下看。

假設現時身處於九龍的旺角鬧市中，你想去香港島的海洋公園，請問你可有甚麼方法？
如果我想於半個小時內就要到達？你會選擇怎去？
如果去海洋公園的時限為兩星期？你又會選擇怎去？

在這問題上，顯示出「訂立目標」的方程式：目標 = 時限 x 方法

三項元素組成的是一道數學方程式，這是一組互相牽引的可變數，意思是只要其中一個元素轉變，便會迫使其他元素轉變。

以剛才海洋公園的例子去説明。

例子一

目標（去海洋公園）= 時限（半小時內）X 方法（？？？）

可行得通的「方法」，包括：
— 搭地鐵

— 搭的士

— 搭 Uber

— 自駕開車前往

行不通的方法，包括：

— 搭巴士（因未能在半小時內去到）

例子二

目標（去海洋公園）＝ 時限（兩星期內）X 方法（？？？？）

可行得通的「方法」，包括：

— 走路 + 游水

— 爬過去

因為「時限」轉變了，所以「方法」也轉變了，這就是互相牽引可變數的意思。在這個心法上，只要目標及時限不修改，那我們改變的就只餘下方法。這樣就能逼出我們的潛能，在事業上有所成長。

例子三
我要一年內收入增加一倍收入（現時月入 1 萬元）

目標（月入 2 萬元）＝ 時限（一年內）X 方法（？？？？）

可行得通的方法，包括：
— 工餘另找一至兩份兼職（透過兼職額外賺多每月 1 萬元收入）
— 轉工種（找一份收入可升至 2 萬元的工作）

行不通的方法，包括：
— 透過進修而升職（因時限上不許可）
— 等加人工（因不可能一年內加 1 萬元人工）
— 找一份 3000 元的兼職（因不能達標）

只要時限及目標不能修改，那麼我們只能修改的就是「方法」，這樣就會想出可達成這目標的方法。

然而如果方法不改，只修改目標及時間，人生就不會有進步。例如原本要一年內達成，現在改為五年才達成。又例如原本的目標是達成每月 2 萬元收入，可是現只改為 1.2 萬元。這些修改都是令我們達成的數字下降，又或是令我達成的時間不斷延長，所以都是令我們減慢成功的原因，更真實的情況就是大部分人因此會選擇放棄不去行動。就如創業家馬雲的名言：「晚上想想千條路，早上起來走原路」，大部分人對達成目標的做法就是如此，想想的時候很興奮，可是根本不會編寫執行計劃，更不會讓自己嘗試走出第一步去行動。一個這般容易就放棄、並且長期原地踏步的人，終其一生不會有大進步，其核心問題只因為未能在目標設定時限，堅守不改變目標及時間的大原則。

訂立任何目標時必須符合一個致勝條件方可有效：可量化的數字

甚麼是可量化的數字？假設我的目標是減肥，這目標就屬於「不可量化」。然而如若將目標改成體脂率下降 5%，就是可量化的數字，透過特定量度標準量度目標進度，甚至是否達標。又例如我想「與爸爸關係好一點」，這也是屬於「不可量化」。若果將目標訂為「我要每月能陪爸爸單獨相處三次」，這就是可量化的數字。若目標不可量化，那就只是空想。假設你的目標是「想賺多一點錢」，那麼若果最後成功賺多 1 元，這樣是否屬於達成目標？那似乎又不是，這就是說我們內心中有一個迷糊的目標，這最多只能說是一個想法，因為沒有可量化的條件，就不能量度進度，那就沒有可達成的標準了。

當我們訂立目標後，第二步就要開始「編寫執行計劃」。拿破崙‧希爾博士在一百年前提出有目標後會再訂立執行計劃的人不到 2%，並稱這 2% 的人為百分之二俱樂部。只要肯編寫執行計劃並付諸實行，這樣才真正把想法變成確實目標，否則一切都只是空想。在他訪問的芸芸成功人士中，希爾博士發現該批受訪者全屬於這 2%。我們試想一個人既沒有目標也不編寫執行計劃，怎麼可能從平民百姓突然變成美國總統？若果你不訂立目標計劃，一年後收入怎會翻倍？訂立目標很容易，可是願意制訂執行計劃並落實去行動的人卻為數不多。

制訂執行計劃最有效方法就是以終為始的思維模式。

首先請回答一道問題，假設你心中有一個目標，要在一年內額外多賺 100 萬元，你內心達成目標的優先次序如何？

A：立即列出現時可行的辦法，並開始加班及努力賺錢，用時間累積 100 萬元

B：用已經成功賺到 100 萬元的角度去思考，找出肯定成功的方法才開始行動

大部分人訂立目標後，最後發現無法達成目標，原因正是因為選擇了 A。為甚麼呢？兩條路徑之間有甚麼分別？

你今天擁有的一切成就等於你過去一切的選擇，數據從不騙人，所以如果今天你的收入是 2 萬元，代表你過去用 2 萬元的思維、態度及選擇如何行動去做事。這等於一棵樹的根部只足以承托樹木生長至 2 米高，即使你的目標是生長至 10 米高，可是你的根基根本不足以應付，這樣若強行生長超過 2 米，也會敵不過一場大雨或颱風就會傾倒。這意思就是選擇 A 的人代表仍用回 2 萬元的思維去做思考及選擇，那結果當然是失敗的居多。因為 2 萬元的思維、態度及行動，就只能產生 2 萬元的成果，數據不會説謊。

因此我們必須選擇 B，以「BE DO HAVE」的心法去代入「已成功賺取 100 萬元」的角度去思考，由已成功的位置中推敲出執行計劃，我們才會找到能賺取 100 萬元的全新方法及出路。

我們必須轉換思維模式，才有可能達成平時無法達成的目標進而獲得財富。

假設世上已成功發明時光機，一年後的你回到此刻和你說，你一年後真的能成功賺到 100 萬元，可惜「未來的你」仍沒説完整個方案便已離開。由於是未來的你親自向你説，因此你堅信一年後你真能成功賺到 100 萬元。那即是説由這一刻起，我一定是做對了一些事情，以致最後能獲得 100 萬元這結果。我這一年內有甚麼行動上的可能性，能令自己最終能達成賺到 100 萬元呢？這就是「以終為始」的思維方式：就是以結果反過來推敲，令自己清晰地計算出整個行動計劃。

香港在 2019 年有一位明星橫空出現，名叫姜濤，參加電視台的選秀比賽而出道，只短短幾年時間已經紅遍香港。網上流傳一句話「姜濤不紅，天理不容」可證明當時姜濤在香港多紅，更在出道幾年間長期擔任麥當勞香港區的代言人，其粉絲為了得到印有他肖像的小禮物，不斷排隊購買麥當勞套餐。2022 年時姜濤在 Instagram 發表帖文，原來他七年前只是麥當勞裏一名兼職小店員，當時他工作時薪極低，無法想像今天都是在麥當勞工作，而竟然是麥當勞重金禮聘邀請他成為代言人。如果 2022 年的姜濤乘搭時光機回到 2015 年與當時的自己講：「只要你肯努力，七年後你會紅遍香港，你會成為麥當勞的代言人。」相信2015 年的姜濤自己亦未必會相信，然而無論你是否相信，事實的確就是如此。

這種思維，正正就是符合了「目標＝時限 X 方法」定律中，只要目

標及時限不變，只改變方法就能達成目標的意思一樣。

讓我們用例子來表達，這樣會更容易理解怎編寫執行計劃。

例子四
目標是減肥

可量化的目標　　　：減去 4 公斤脂肪
時限　　　　　　　：三個月內（即九十天）

目標（減去 4 公斤脂肪）＝ 時限（三個月內）X 方法（？）

由於目標訂立時已符合兩個很清晰的條件，第一個是時限在三個月內完成，第二就是要減去 4 公斤脂肪，所以現在要做的就由「成功減去 4 公斤脂肪」的結果中推敲執行計劃。

1 公斤脂肪大概等於 7000 卡路里 [1]，即首先要控制自己每一天攝入多少卡路里，當我們降低輸入，確保不會增加本身的卡路里後，就要想辦法如何增加輸出，例如數據上顯示只要連續慢跑 10 公里大概可以消耗 1000 卡路里，那麼我只要堅持七天慢跑，便大約可消減 1 公斤脂肪。

---

1   McArdle, W. D., Katch, F. I., & Katch, V. L. (2014). Exercise Physiology: Nutrition, Energy, and Human Performance (8th ed.). Lippincott Williams & Wilkins.

　　現在我有三個月共九十天的時限，既然每跑七天便可以減去 1 公斤，即是說我只要跑二十八天後便可減去 4 公斤脂肪。而由於我總共有九十天時間實行，即是說我可以跑一天並再休息兩天也能達成，以這計劃去做只需用八十四天時間便可完成，並且還有六天鬆動作後備的時間。這就是正確編寫執行計劃的方法！

　　很多人不明白怎樣設定計劃，因此只列出一些自己能力範圍可以做到的事情便算了（即選擇 A），最後跟隨這些計劃不斷行動，最後卻發覺沒甚麼有效成果，不管怎麼做都無法做到目標的預期成果，正因大家不懂設定真正的計劃。計劃像一道算術題，假設我們的目標是 10，我們計劃時就要算出一條相等於 10 的算式，方法有很多種，可以是 5+5=10；又或是 5+3+2=10，甚至是 1+1+1+1+1+1+1+1+1+1=10 亦可，總之最後計算出來的結果等於 10 就行。如果我計算過根本不可能做到，要麼就是我們的方法有問題，要麼就是我們的目標訂得太高，或根本是時間太短而做不到。例如我現在月入 1 萬元，而我的目標是一個月內額外賺取 1 億元，雖然目標內容可量化同時也有時限，然而以我現時的能力似乎暫時沒有可行的方法可做到。要麼加長時限，要麼轉換方法，要麼調低目標總額以達目標。計劃是很理性的計算過程，當我們仔細計算每個月、每星期甚至每天要做的事情，我們就會很踏實，並很有信心能做到。

　　用結果推敲過程從而制訂執行計劃，這種思維能使我們從截然不同的角度看事物。在過程中，我們可以配合運用「將大拆細」的思考方法去協助我們編寫執行計劃。

「將大拆細」的編寫執行計劃方法

例子五
假設你從事銷售工作，製訂目標是一年內要賺取 100 萬元

可量化的目標　　：賺取 100 萬元
時限　　　　　　：一年內（即十二個月）

目標（賺取港幣 100 萬）＝ 時限（一年內）X 方法（？？？）

第一層拆細（由一年變一個月）

若目標是一年 100 萬元，那麼我們只要拆開十二個月，便能得出每月需要有 8.4 萬元收入，並連續十二個月達成，便能符合一年 100 萬元的目標。

第二層拆細（由一個月變多少單）

怎樣才可達到月入 8.4 萬元？假設你計算後會發現，只要每月賣出十二件產品，你的佣金便能達標。

第三層拆細（由一單變成多少個會面機會）

如何達成每月賣出一件產品？只要統計並計算銷售轉化率，就可得

出仔細執行計劃方案。假設每會見三位客戶，你就能有一位客人購買產品（即 33% 成交率），即是每見三個客便能成交一次。

將數據整合為執行計劃

每月目標成交十二位客戶，當月便能達到 8.4 萬元收入

連續十二個月達標，便能達成年入 100 萬元目標

每見三個客便有一次成交，即每月見三十六個客（33% 成交率）

每月目標面見三十六位客戶，若除以每月四週，
則代表每週需要面見九位客戶

如果一週只用五天會見客戶，即每天要見兩位客戶

那麼若每週運用一天時間約滿當週客戶，另外一天放假

　　這就是編寫執行計劃的具體方法，然後我們只要按照每個小目標去達成，當月就能有 8.4 萬元收入。如此重複一年時間，就能達成年薪過 100 萬元的目標。這就是如何應用以終為始思維，由最後達成的結果反過來推敲現時「執行計劃」的方法。

編寫執行計劃是理性的思維，緊記：沒有計劃的目標是假的。定立一個目標不難，落實如何去執行，並且堅持去行動，這就是決定成敗的重要關鍵。

第 八 章
敢於決策
（在《思考致富》英文原文中，第八章的題目是「Decision」，中文版譯作：決心。）

沒有行動的計劃是假的。

　　拿破崙·希爾博士在一百年前，分析了逾二萬五千名經歷過失敗的男女後，發現到一個事實：缺乏決定行動的決心是三十一項失敗主因之首。

　　在我們有明確的目標，並且製作好精細的執行計劃後，我們要面對的難關，便是正式開展行動的決定。雖然我人生中曾做過的生意行業超過二十個類別，可是其實我在每個生意開展前都有相當的壓力。每一次我都需要進行一次詳細的內心對話，衡量「若不立即行動」的代價，以及「若我敢去行動後」能預期得到的成果等。當我已清晰展開行動後我要付上的代價，包括面對失敗的風險、有可能引致的損失、需要承受別人的期望及目光，以及我有可能得到的美好成果後，我便會很有儀式感地作出一個宣言。我的宣言對象就是「我自己」，我會向自己正式宣佈，我決定開展這個計劃的行動，我願意承擔這個行動所帶來的一切潛

在風險，也會迎接這個行動將帶來的榮譽與成果。

　　為何我會做這個宣言？原因很簡單，我要讓自己知道，這些都是我自願的選擇。在將來中若遇上甚麼困難時，我不會埋怨別人，因為這都是我自己的選擇。那為何要説出口做一個宣言？情況就如一對男女在互相相處後暗生情意，大家都開始拖手甚至擁吻，可是卻沒有承認彼此是戀人關係一樣。在心理學上，這是一種想試試可是又怕失敗的狀態，所以不想承認關係。萬一真的在數個月後分手了，也不用理會別人的眼光，也不用承擔甚麼責任。若你的另一半在這種心態下與你開展一段關係，相信你也會感受到不安，對嗎？拍拖是這樣，決定開展一個計劃也是這樣。很多人在開展一個新計劃時，也會選擇不想讓別人知，或是不會對自己做一個宣言。例如一個決定減肥的人會説：我已經常失敗，若我説出想減肥的宣言，萬一我失敗了只會引起更多人批評及嘲笑的目光，倒不如默默去做而不出聲吧。又例如一個銷售員想定一個發展目標，可是又怕若被人知道自己這個目標，大家便會常望着自己是否能達標，這樣做實在太大壓力了，反正只是自己的事，不出聲默默去做，沒有壓力更好吧。其實是否讓人知道自己的目標都不是核心問題，我以往所做的宣言都是只向自己宣告的，真正關鍵的問題是這一切做法背後的信念：不想面對失敗的目光。這正正是應驗「凡是人心所能想像並且相信的，終必能夠實現」的心法。當你認為自己會失敗，所以不想讓人知也不想承認，因此你心所能想像並且相信的，終必會實現！

　　若你人生中曾試過暗戀別人的感覺，你就能明白這箇中的心理過程。開始時你與一個異性相處並且慢慢產生好感，可能你覺得這個人很

值得親近多一些，可是你並未認為自己是愛上了對的，直至有一刻你感受到內心的感覺，可能是透過一個夢境讓你見到對方，可能是在生活上的一個感動，你的內心中突然有一刻對自己說：「我真的愛上了對方了！」這就是你正式認定對方是你的對象的一刻，這就是宣告。宣告就是一個決定，讓自己明確知道自己已正式決定行動的標記。

決策由理性的分析而組成

我們必須注意，每一個決策都不可是由一時三刻的衝動而決定，而是需要由理性的分析後才下的決定。一個有智慧的人會懂得在憤怒時不放狠話，也會懂得在興奮時忍住不亂作承諾。因為在一時情緒的推動下作出的決定，必定會引來後悔的結果。

當我們需要決定是否進行一個行動前，我們必須先做四項分析及比對：

第一項分析：這樣做有甚麼好處？
第二項分析：若不這樣做會有甚麼風險？
第三項分析：這樣做有甚麼風險？
第四項分析：若不這樣做會有甚麼好處？

舉個例子去解釋怎做分析及比對。

在 2000 年時，我看準一個發展生意的機會，決定開設一間工程公

司，專門承接電訊公司的工程項目，可是我並沒有相關的能力及經驗，於是乎內心很多恐懼的聲音對自己説：Arthur 你又不是專業，也沒有相關知識，怎能跨界別進入工程界的領域去發展？放棄吧！輸的機會率太大了，風險太高了！

可是我在內心中卻有另一把聲音不斷與自己交戰説：為何不去嘗試一下，最多只是失敗，反正我根本擁有的就不多。若是生意成功的話，我可以得到的比失去的會多出更多，何不放手一搏？何不給自己一個成功的機會？

這個時候我便運用這四項分析及比對協助我思考及做決策。

第一項分析：這樣做有甚麼好處？
1. 寬頻科技的發展必定是香港的大趨勢，未來數年一定有不錯的市場需求；
2. 我已擁有人脈可保證取得電訊公司的工程單，是難得入行的好機會；
3. 我擁有的人脈可保證電訊公司能準時交付工程費用，絕不會拖數；
4. 電訊公司現時極度渴求將單外判給工程公司，並且現時的工程外判公司已供不應求。

第二項分析：若不這樣做會有甚麼風險？
I. 將來可能會後悔自己錯過這次機會；

II. 其他人會進入這個市場中搶走市佔率；

III. 寬頻的發展只能維持三年至五年時間，當每家每戶都安裝後便失去這黃金發展期；

IV. 現在正值全球科網熱潮，若不進入這個版塊中便會失去高速致富的機會。

第三項分析：這樣做有甚麼風險？

A. 工程的生意最忌收不到工程費用，這樣會對現金儲備的需求很大；

B. 工程業務需要很多工具，這些都是不能再變賣的物品；

C. 我自己沒有這方面的專業技能，必須依靠其他人才能做，有被出賣的風險；

D. 我在年紀上只得 20 歲，而大部分工程師傅年紀都在自己以上（甚至超過兩倍多），在管理上有一定困難。

第四項分析：若不這樣做會有甚麼好處？

a. 不用承擔金錢上的風險；

b. 不用承擔失敗的風險；

c. 不用擔心被出賣的風險；

d. 不用擔心自己能否勝任的問題。

第一項及第二項的分析中，讓我確知「為何我值得做」這個行動。第三項及第四項的分析中，讓我確知「為何我不應去做」這個行動。

透過四項的比對及衡量後，我得出一個結果：就算計劃失敗，我也確實沒有甚麼可輸；可是若是現在天時地利人和都齊備，我若不好好把握便會失卻一個黃金的致富機會。整個計劃的「值博率」實在是非常高，是一個十分值得發展的良機。

於是乎我便正式決定行動，並且作出一個宣言：我要正式成立工程公司，並要在這行業中大展拳腳！

當我作出宣言後，我便立即開始建立班底。那時我知道所有的電訊工程師傅都會在早上集中在一間餐廳食早餐，並等待當日的工作單。由於我對工程部分一竅不通，因此我極需要這方面的人才。我一連很多天早上準時八點在這餐廳中觀察及打聽，以了解誰人是這批工程人員中的高手。最後我清楚知道我的目標人物，我花了幾個早上與這個工程高手熟絡，並給他一個優厚的條件，要他為我籌組新公司班底，當他終於決定應承我後，然後我便立即去貸款買貨車及其餘工具，預備新公司的一切。終於我用了十四天時間就成功籌組十多人的工程公司班底，並且成功開展業務。

初開業時我假裝鎮定，每天主動跟隨他們開工，暗中觀察他們如何工作，偷偷學習各項技術，從中累積更多經驗，慢慢學到更懂得如何營運這間公司，終令生意開始穩定下來，後來當業務進一步擴大後，我更將技術及班底帶去香港其他寬頻公司發展。

今日當有不同的機會蒞臨到你面前時，請不要急於用「感覺」去做

判斷，或以一股熱血作決定。要緊記運用以上四項去作分析，幫助你比對及作出理性的決策。大部分人常不敢做決策，只是因為未能理性分析各種利弊因素。當我們習慣運用這些思考工具協助分析，我們便能清晰有智慧地作出選擇。

第 九 章

建立自律

（在《思考致富》英文原文中，第九章的題目是「Persistence」，中文版譯作：毅力。）

自律是通往自由的旅程。

　　如果我們要在人生中選一種特質，能對人生成就起到最決定性的影響，自律必定是其中一個重要因素。自律即無需他人指示，你都會主動、堅持做或不做一些事情，並且不間斷地持續。堅持一次半次並非自律，連續自發堅持，就算沒有人看到都仍然堅持，就代表你有自律的特質。自律對人生的影響非常巨大，一個人在工作上如果欠缺自律，就注定很難晉升至高級職位或得到高薪。今天如果你是一位老闆，你有位下屬要踢一腳才動一動，另一位則機靈聰敏，舉一反三，不用督促都會主動做好工作，不用多思考你都知道會選擇哪一位晉升。我相信如果我去問一百個人，自律是否重要，這一百個人都會回答極度重要。問題是世上擁有自律特質的人，在人口比例上佔比極低。

　　香港富商李嘉誠先生曾在一個訪問中，分享他年輕時的一段小經歷：他分享他在廿多歲時仍然是在打工的階段，可是每一天下班後便不

斷學習不斷看書，反之他的同事在放工後便一直出去玩樂享受。他知道
不用幾年時間，自己的成就便可以拋離他們很遠。因為雖然大家現在是
同級的同事，可是在放工後大家在「生命取態」上有相當大的差別。他
形容當時的自己每天都在搶知識，他深明自己若不好好裝備自己，遲早
自己便會被世界淘汰。事實證明李嘉誠先生的最後的成就，的確比很多
人都要大。若我們用一天去看書，不會令我們人生有巨大轉變。可是自
律的威力，在乎只要你堅持每日繼續堅持去做。只要你每日投放一小時
去看同一個專業範疇的書本，並且持續十年甚至二十年時間每天恆常去
做，你在這個範疇內的知識量，保證已能令你成為該領域的專家。

　　為何人會那麼沒有自律性呢？史丹福大學為此在 1966 年至 1970
年間，進行一個「棉花糖實驗」[1]。研究對象是一群 2 至 3 歲的小朋友，
目的為測試他們的自律及忍耐能力。實驗開始時，研究人員會先用棉花
糖吸引小朋友，然後再與小朋友說：「現在會送一粒棉花糖給你們，一
人一顆，你可以選擇隨時吃掉。稍後老師會出去辦事，如果十五分鐘後
老師回來時你仍未吃掉棉花糖，就再多送一粒給你，你將共有兩粒棉花
糖。」實驗完結後，研究發現約有三成小朋友能成功延遲享樂，並且研
究顯示這群有自制力的小朋友後來無論學習、身體質量指數，以至於人
生成就都有較好表現。因此史丹福大學的研究人員得出結論，自律和人

1　Mischel, W., Shoda, Y., & Rodriguez, M. L. (1989). "Delay of gratification in children." Science, 244(4907), 933-938.

生成就有直接關聯。

　　請問你今天是一位自律的人、還是一位忍不住立刻吃掉棉花糖的人？對待小朋友，我們會用棉花糖吸引他們。那麼我們每一天又被甚麼吸引？其實只要看看我們自己有沒有成癮情況則可得知。你每天有沒有忍不住經常看手機呢？是不是當有通知就忍不住立刻要看呢？你每天花最多時間使用的手機應用程式是哪個？你每天花多少時間使用手機？如果你對此不夠清晰，只要打開手機裏的螢幕使用時間，查看你每週使用各種應用程式的情況就一目了然，並可以了解自己每天花多少時間在手機上。自從智能手機面世後，加上流動網絡科技愈來愈先進，手機已成現代鴉片，每個人每時每刻機不離手。你試試在地鐵車廂裏四周觀察其他人，幾乎每個人都專注地使用手機。

　　記住水能載舟亦能覆舟，玩手機沒有問題，然而懂得善用和不懂得善用分別極大。懂得善用的人會使用手機把握瑣碎時間學習，運用手機做生意，通過手機作有效溝通；而用得不好的人會用盡所有時間玩遊戲、觀看影片，透過社交平台瀏覽其他人的生活，用盡所有時間不斷發訊息聊天，使自己在工作上的專注度不斷降低，每時每刻都惦記電子鴉片。這種行為在心理學上其實已經判斷成成癮狀態。如果我每天使用兩小時瀏覽社交媒體，即每十二天過去，我就有一天二十四小時不停瀏覽社交媒體；時間再過十二年後，你會發現十二年裏原來有一年全年你不停瀏覽。你投放如此多時間在各種社交媒體上，為你人生帶來甚麼成就呢？它增長了你的知識和技能嗎？它能令你升職加薪嗎？它能令你的事業更上一層樓嗎？它可不可以令你快速地購買到一間物業呢？如果我們

將使用社交媒體的時間投放到學習上，每天花一小時看有質素的書籍，或者花在參與網上課程多學一門技能，持續五年後我們的成就絕對非凡，你認同嗎？

他律思維

　　一個已經上癮的人單靠自己很難走出來，若果當初自己足夠自律，今天就不會上癮。因此如果我們不是那群 30% 的天生自律寶寶，我們就要學習一個很重要的心法 —— 他律思維，即授權其他人管理自己。曾有研究指出，當其他人訂立規則指示自己遵守，相比自己訂立規則自己遵守，能達成的結果差距極大，當然正是他律完勝自律，故才有健身教練出現。明明運動是我們自己本身，為甚麼還要我們花錢請教練指導呢？我付錢後，教練運動而得的肌肉又不會長到我身上，那麼我自己健身就行，何需花錢請教練呢？其實正是因為「他律」。教練會逼迫你做自己不願意做的動作，逼迫你在極限的時候再多做幾下；而你自己做健身時，在健身房打完卡，一出汗就有點累會很想離開，教練正起了管轄你的作用，就是他律的威力。同樣地，他律亦可應用在工作和事業上。很多人聘請商業教練就是希望有人監管自己，推動自己去做應該做的事情，而不是光做自己想做的事情。如此才可以令自己在短時間內於事業上進一步爆發。運用他律的重點是必須要有赴死的決心和衝動，你才會自投羅網找人管束你。你自願自律減肥，與你付錢營養師每天監管自己如何減肥有很大分別。這便是「他律思維」，好好運用他律，使我們能夠發揮生命更多潛能，做事才會更加有效率，提升效能。

死線思維

　　只有自律及專注才能成為行業頂尖，因此我們要了解人性其中一個關於自律的弱點，每個人在工作時限死線（Deadline）前，才會生出強大的動力去推動工作進度。你也喜愛拖延當一個死線戰士（Deadline Fighter）嗎？即使極度自律的人，其實都是死線戰士，分別在於死線是由他們自己訂立的。若果今日我們欠缺自律性，因此令自己在訂立目標後，沒有恆心及毅力去堅持完成，我們便要建立他律，找一個自己願意授權對方管理自己的人去協助自己。這個人可以是商業教練、可以是上司、可以是你的團隊領袖，重點是有「定時定點」的會議時間。例如每週一早上九點至十點的網上會議都可，因為每一個會議就是一條死線，迫使自己交代上週的目標進度。若果這個會議能設定成每週進行一次，達成目標的進度將能倍增。為何要訂立每週的會議作為死線？舉一個例子就能明白人性的弱點。請以自己代入這題目，假設半年後你將會有一個考試，請問大部分人是何時開始溫習做預備？絕大多數的人都會選擇在最後一個月才開始預備，甚至在最後兩週才開始準備。而若果你突然被通知，考試在一個星期後便要進行，大多數人便會立即開始溫習，最差的情況就是最後兩天也要開始準備，這就是人性。意思即是說，愈近的死線就愈能觸發人心底對死線的恐懼，因此會產生極大的自律性去行動。所以當你在管理團隊時，千萬不要給予太多的時限，要將一個大目標分拆成很多個小目標，每個小目標便是一個死線位置，就能大幅提升整體的動能，這便是「死線思維」。

專注思維

坐這山，望那山，一事無成。這句俗語相信大家都耳熟能詳，可是你能真正參透背後的意思嗎？30 歲前的我甚麼生意機會都去試一下，那時我身邊經常有很多不同的商機出現，每一個項目亦相當吸引，所以我才會曾發展過二十多個行業。曾有一位老師看透我的弱點，用心教導我專注二字。我開始一改以往的做事模式，並細心思考發展方向，拒絕很多不同的機會，只專注做對我有價值的事，在一個行業領域中立足，並成為行業的頂尖。

2019 年有一部韓國喜劇電影上映，看預告片時影評均表示這部電影爆紅，在韓國更勇奪很多獎項及認可，入場人次極多。當我聽到這部電影的傳聞後便覺得這套電影應該很奇妙、很好笑，就打算進電影院觀看，可是我同時發現原來 Netflix 已經可以線上收看，於是就決定留在家中觀影。方觀看十五分鐘，我便覺得很悶，心想為何仍未入正題，笑點又好像很牽強。如果你是我你會如何？我二話不說便開始快進劇情觀看，看着仍覺無聊就乾脆看第二部電影，這部電影就沒有看完。直至後來有一天我再去看電影，到電影院發現原來這部電影仍在放映，我心想這部電影這麼無聊仍在放映？我又打開電影評分網站，發現電影的平均分數 4.2 分（5 分滿分），並共有八百多個讚，另有百多個評分，亦並非只得兩三個評論高分，反而有很多人評高分。我就問了一道問題：為甚麼我自己看覺得這麼悶，評分卻很高分？那些人是不是在玩鬧，分數是不是偽造出來？

　　難道這套電影「好戲在後頭」？因此當我只觀看頭十五分鐘就覺得很悶就放棄，沒有看到後來精彩的劇情嗎？後來我想通了，其實是因為我在 Netflix 上觀看電影，相反，如果我買票入場，其實我會堅持專心地觀看下去的機率便會大幅上升。人生中有多少人曾嘗試過在電影院觀看電影覺得太悶就中途離開？以我觀看電影多年發現，其實為數真的不多，我自己也真的沒試過。在電影院內無論多悶的電影，我一直都會堅持專心看完，可是當我在家裏觀看電影卻不然，在家裏看一會覺得不對勁，就開始快進劇情，快進完一陣子後仍覺得悶便直接換一部電影看就是。在這事例上我明白到一個道理，為甚麼我沒有看完這個電影，除了是因為這部電影很悶，另外主因就是因為當下我有太多的選擇權，太多的選擇權便會令我們失去專注，繼而失去自律及毅力。

　　曾有位學生向我詢問，表示他正式開展一項新的生意，可是他只會再嘗試三個月，要是三個月後仍無起色就放棄，去做其他事情。當他說出這句話時表示他有選擇權，並且是有相當多的選擇權，所以喜歡做又可以，喜歡不做又可以。由於他用這種心態去創業，因此不出三個月便失敗收場。這番話令我有很深的反思，為何我當初做生意能取得理想成績呢？正正因為我學歷不高，沒有父蔭，更沒有家人照顧，若我當月不能賺到足夠生活的金錢，不單止會立即沒錢交租，連三餐也會成問題。因我沒有退路也沒有其他選擇，所以我只能以無論如何都要成功的心專注去做，以不能輸的決心去闖事業。如果我有退路的話，例如我回到家便有人照顧好生活所需，如果生意發展不順利我也可做其他事情，覺得累就休息兩天，覺得不開心便去個旅行，那麼相信我在創業的路上，應是失敗居多。然而正因為我不能失敗，並且家中有很多人要養，家人生

病一定要靠我賺到錢才能維持生計，故此無論如何都要搞好生意，根本沒有退路，所以我才專注堅持去做。

我記得某次在課程後有一個同學跟我分享說：「我是一個老師，決定要在今年暑假辭職，全職發展自己的生意。」我問她說：「你不怕嗎？為甚麼決定這樣做？」那位學生跟我說她決定要做的事，就要用盡全力做，要令自己沒有退路。我說你辭職怕不怕再找不到工作，她說即使怕、仍會擔心，只是她既然決定要做，就要全力以赴，專心一意去做，直至成功為止。這位同學的動力顯然易見，她強逼自己孤注一擲，我後來也親眼見證她在生意上的成功。一個人的想法決定了命運，做生意最重要的成功關鍵就是「專注」。

在一個訪問中，新藝城電影公司創始人麥嘉先生曾向一個年輕創業者分享自己創業成功祕訣[2]，他說：「只要勤奮，你已勝過 50% 的人；只要你願意誠實，你已勝過餘下 30% 的人；而餘下 20% 的人就是你的競爭者。」只是這 20% 人的共通點正是自命不凡，「周身刀」並且「張張利」，有很多可運用且十分擅長的才能，很多機會在手。要打敗這班人很簡單，麥嘉拿着一支鉛筆，用橡皮擦一端插向創業者，然後問他痛嗎？創業者笑着搖頭，然後麥嘉反轉鉛筆，用筆尖在他身上劃一下，創業者立即呱呱大叫。麥嘉說，只要將所有資源及精神全部集中在一點上，專注去做，這種人無堅不摧，沒有人是你的競爭對手。當我們進入

2　顧修全 . (1993).《自我創富學》. 香港：國際文化出版公司 .

電影院裏，院內環境令我們會專注，要是拿出手機來玩又怕影響旁邊的人被罵，出去打電話又怕吵到別人，突然很急想上廁所又怕少看幾分鐘吃虧，因為環境所逼你就會很專注看完電影。從電影的例子中，會不會發現有時候我們的人生正因為有太多選擇權，所以反而沒有一件事能做到最後？麥嘉先生對創業者的忠告：我們在目標上做得成功，就要記住勤奮、誠信及專注。這就是「專注思維」的威力。

只要懂得運用「他律思維」、「死線思維」以及「專注思維」，便能協助我們建立起自律的習慣，從而在人生中建立更宏大的成果。

第　十　章

建立智囊團

（在《思考致富》英文原文中，第十章的題目是「Power of the Master Mind」，中文版譯作：智囊團。）

不要單打獨鬥，運用合作之力。

　　拿破崙・希爾博士在《思考致富》中提及智囊團，他在訪問眾多成功人士後，得出很重要的結論：成功的人都不會單打獨鬥，而會選擇建立信任度與人合作共贏。因此我們要有智慧地慎選有能力的人，並且會真心幫助你，這些有智慧的人，能與你在有需要時商討問題，並能為你提供有效意見。在你有需要時，甚至能提供經濟及各種層面上的協助，以增加及倍增你的力量。簡單地說，千萬不要只運用自己的個人能力，要懂得向別人借力，要願意與其他人合作，達成多贏局面。

　　你知道甚麼是動物界中的食物鏈理論嗎？意思就是愈強的動物，便會愈處身於食物鏈的最高端位置成為捕獵者，相反愈弱小的生物便會處於食物鏈的底端，成為上層的食物。因此老鷹在天空中是食物鏈的最上層動物，其他小鳥、動物甚至水中的魚類對牠都十分懼怕。獵豹、獅子及老虎等，同樣是陸地上食物鏈最上層的霸者，其他動物只可敬而遠

之。試問人類跑得快，還是獵豹跑得快？試問你能赤手空拳與獅子對打嗎？若你在海洋之中，你有能力與鯊魚對打嗎？人類明明並非所有動物中最強，為何卻在世界食物鏈的最頂端？人類並非靠強壯爬上食物鏈頂端，而是靠智慧、合作及工具。一個人赤手空拳打獵，雖打不過陸地的獅子、海中的鯊魚，可是若然手中拿着武器，便能打倒海陸空中任何最強壯的大型動物。若只懂得運用個人力量去搏鬥，那我們就仍然只是一隻動物。而若我們懂得運用工具，並且運用團體合作去搏鬥，那我們才能稱得上是有智慧的人類。

將此思維應用於人生各種目標或事業上去看，一個人做不到的事，就要嘗試借力尋找別人一起去合作解決。每個人的人生時間都只有匆匆數十年，我們絕無可能學習世界上所有專業知識，並裝備各種不同的技能。然而我們可以集合各種不同專業領域的人才，一起共同去達成彼此的目標。

在我創業的過程中，由於我只有中學畢業的學歷，因此我很清晰我需要尋找不同的人才合作，方能令我的事業做得成功。在 18 歲時我開設一所補習社，我聘請退休的中學老師去做教學的工作，以致我能將業務擴大，並且收購同區其他的補習社。若果我自己成為其中一個補習老師也可，可是我絕對不是這個領域的專家，除了學科知識水平低之外，更重要的是我不懂掌握怎樣教中小學生的技巧。當然，我仍可選擇去做這個工作，用時間慢慢去提升自己的能力，令自己終有一日成為這方面的專家，可是我便不會有時間抽身出來做生意上的拓展，也不能再收購其他的補習社去擴張市場佔有率。

人貴自知的思維

　　在《道德經》中老子説：**知人者智，自知者明**[1]。意思是説能了解別人的人，這是有智慧的人；能認識自己的人，這就是聰明的人。在補習社例子上，我知道自己的強項不是教中小學生，這方面的專業一定非剛退休的老師莫屬，他們在學校做教育工作數十年，年齡達至學校必須退休的階段，可是他們仍未想退下來仍想在教學上有所發揮，因此他們便是我要聘請的對象。我自己對生意的觸覺較強，在計算成本盈利方面，以及拓展市場方向更有能力，因此我讓自己專注於做推廣的工作，以及思考怎樣擴充業務。我心中常有一句説話提醒我：雖然我沒有太多專業領域，然而我只需尋找專業的人一起合作就可。所以我在創業多年中，一直有不同範疇中的各種好朋友：

- 律師朋友可協助我解決法律方面的問題
- 會計師朋友可協助我解決税務方面的問題
- 醫生朋友可協助我解決家人健康方面的問題
- 電腦程式專家可協助我解決電腦科技方面的問題
- 專精投資的朋友可協助我解決 1 象限投資方面的問題
- 營養師朋友可協助我提升個人生活及飲食健康方面的問題

　　就像出版這本書，我也是透過多年從事出版業的朋友協助下方可成事。

1　老子.《道德經》. 第三十三章.

　　槓桿原理本是物理學用詞，意思是以小力量推動大力量，就如螺絲起子或鎚子，善用工具將小力量轉化成大力量。可是在現今商業世界之中，「槓桿」已更多時是形容商業上的合作。例如在金錢上的槓桿稱為OPM（Other People's Money），即槓桿別人的金錢去合作，例如商業融資發展生意項目，又或是借錢投資等。若在人脈上的槓桿即稱為OPT（Other People's Time），即槓桿別人的時間及能力，共同去達成一些合作或目標。當我想知道某區的一個地舖租金時，我只需一通電話聯絡地產業中的朋友，就可在十五分鐘內得知租金多少，這正是「識人好過識字」的重要性。若沒有共贏的心胸，就沒有合作想法，這種人只會單打獨鬥，凡事單憑自己的力量，認為不應打擾別人，常找人幫忙是很不禮貌的舉動。問題是現今做生意，你的對手是世界頂級商人，單打獨鬥如何鬥得過國際大財團？

　　我們試在大自然中汲取智慧。請你憑你人生過往的經驗，回答以下問題：

　　（1）你認為一隻蜘蛛可以捕獵多大的獵物？
　　（2）若你是一隻蜘蛛，你平日遇到最大的問題會是甚麼？

　　以一隻普通家蛛（Common House Spider）為例，這類蜘蛛主要捕捉比自己小或相近大小的昆蟲，如蒼蠅和蚊子。牠們日常遇到最大的問題，便是辛苦結的網，可能遭遇大風吹及落雨，甚至大型的動物經過無意破壞掉，因此又要重新修補織網，以再等候獵物的經過。

　　可是科學家們在《美國國家科學院院刊》刊登出一種可怕的蜘蛛物

種，牠們成群結隊地捕食。世上大多數成年蜘蛛喜歡獨自生活，然而**極端擬蟻蛛**（Anelosimus eximius）這個物種的微小紅色成員，牠們習慣以數百個成員的群落為單位一起生活。科學家將牠們稱為：群網蜘蛛（Social spiders）。這些蜘蛛比一塊鉛筆橡皮還小，可是牠們會在一起共同構建巨大的網，其大小跨越數米。這些蜘蛛最令人感興趣的是牠們的捕獵方式，牠們會編織巨大的不粘網，然後等待獵物跑進網裏。當牠們感覺到網中的振動時，蜘蛛就成群結隊地以同步運動的方式向獵物移動並同時進行攻擊，注射毒液並開始消化。這種策略大大提高了牠們捕獵大型獵物的成功率。群網蜘蛛可以捕獲體積比單個蜘蛛大數十倍甚至數百倍的獵物。例如研究顯示，某些群網蜘蛛能捕捉到體積比單個蜘蛛大一百倍的昆蟲。群網蜘蛛捕獵的常見大型獵物包括大蝴蝶、飛蛾，甚至是小型的鳥類、蝙蝠、小型哺乳類動物等，這些獵物通常遠遠超過單隻蜘蛛能獨自處理的大小[2]。

透過合作，一隻小小的蜘蛛都能增強彼此的生存能力，除了能織出更穩固的網外，更能捕獵自己一個絕無可能捕捉到的巨型獵物。今日我們在努力達到目標的過程中，要學習放下單打獨鬥的既有思維，並以建立智囊團的思維去做事。路在口邊，不要浪費時間慢慢去找，直接找對的人問一句就可。當做事時發現力有不逮，就要運用借力槓桿，立即出聲找專業領域的人幫忙。我們不需要本身是強者，只需懂得向有優勢的人借力。

---

2   Avilés, L. (2008). "Cooperative capture of large prey solves scaling challenge faced by social spiders." Proceedings of the National Academy of Sciences, 105(33), 11818-11822.

微軟創辦人 —— **比爾・蓋茨**（Bill Gates）説：「一個人永遠不要靠自己一個人花 100% 的力量，而要靠 100 個人花每個人 1% 的力量。」

暢銷書《人性的弱點》作者 —— **卡耐基**（Dale Carnegie）認為：「成功來自於 85% 的人脈關係，15% 的專業知識。」

全球頂尖演説家 —— **哈維・麥凱**（Harvey Mackay）説：「建立人脈關係就像挖井的過程，付出的是一點點汗水，得到的是源源不斷的財富。」

世界頂尖激勵大師 —— **安東尼・羅賓**（Anthony Robbins）認為：「人生最大的財富便是人脈關係，因為它能為你開啟所需能力的每一道門，讓你不斷地成長不斷地貢獻社會。」

日本推銷之神 —— **原一平**提醒：「像愛自己那樣愛別人，這就是確立人脈關係的要諦。」

法國諺語：「沒有任何一個有錢人，可偉大到不需要朋友。」

第 十 一 章

提升動力

（在《思考致富》英文原文中，第十一章的題目是「The Mystery of Sex Transmutation」，中文版譯作：性欲轉移的奧祕。）

釋放內心源源不盡的動力。

現代社會之中，每個人無可避免都需要投身在商業世界中生活。可是我們可以清楚留意到，有些人的生命是很有動力，會不斷追求各種目標或欲望；相反有些人卻一生沒有甚麼動力，彷彿沒有甚麼想追的事一般，為何會如此？是否因為有些人天性懶惰，有些人卻擁有很勤力的特質，所以人生特別有動力？

在我童年成長的時候，家人常說我很懶惰不願主動去做功課。每當迫我去溫習時，我便經常要去洗手間，他們就說我「懶人多屎尿」。由於我整個學業時期都是用此態度去應付功課，因此最後我的成績很差不能繼續升讀中六，也是預期之中的事。雖然我用這樣的態度去讀書，可是另一方面我對玩遊戲機的動力卻很大。因為我會日以繼夜不眠不休地去玩，甚至在放暑假時，我會選擇早上七點便起牀去玩遊戲機。過程中

我願意捱更抵夜，忍受過程中身體的辛苦，為求能玩多一時三刻，我傾盡全力地去爭取及把握。若果以這個角度去看，似乎又不能說我是一個懶惰或不勤力的人。透過這個例子，我們便可以得知，其實每個人都有莫大的動力去做事，問題是能夠鈎起人動力的原因各有不同。只要能找出自己心底最能引發自己動力的原因，我們便能很有動力地去做事。

追求快樂的動力

　　快樂就像吸引人向前行走的紅蘿蔔一樣，只要有清晰的快樂追求，人就能產生極大的動力，推動自己誓要爭取得到快樂，這是一種天生的力量。例如追求心儀的異性，你在潛意識中知道自己需要這個人，因此你朝思暮想，想盡辦法去親近這位異性。這並非外來的力量可迫使，而是由心產生源源不盡的動力，直至滿足到這種快樂感覺，動力才會消失。因此若你懂得掌握追求快樂的力量，你的人生中將會有無窮無盡的動力令你的人生向前邁進。心理學家馬斯洛（Abraham Maslow）的需求層次理論（A Theory of Human Motivation[1]）中，為這種快樂的動力分為三大類別：原欲追求、心靈追求和自我實現。

1　Maslow, A. H. (1943). "A Theory of Human Motivation." Psychological Review, 50(4), 370—396.

第三層　自我實現

第二層　心靈需求

第一層　原欲需求

第一層：原欲需求的動力

這種力量在心理學上稱為 Libido[2]（力必多），泛指一切身體器官的快感，是原始本能的力量，例如在飢餓時會出現難耐的食欲，用滿足食欲的快感來進食以維持生命；或如性欲會天生令人對異性產生性需要，透過滿足性快感完成繁衍下一代的目標。在原欲需求中，一切有關滿足肉體上的安全感需求都屬於這個範疇，例如渴求空氣、解決飢渴，經濟的穩妥、住屋的需求，能在舒服牀上並有充足睡眠等，一切追求肉體的享受及安全感都屬這層動力。當然原欲需求中亦包括最原始的求生欲，追求能繼續生存的動力，使人突然擁有與猛虎搏鬥的勇氣，在生死關頭間爆發出不可思議的力量，這正是原欲需求。

若這種原欲需求失去控制便成為驚人的破壞力。例如因無法克制性欲而非禮、偷窺甚至強姦，或為一己貪念私心弒父殺母，為金錢而去打

2　Freud, S. (1905). "Three Essays on the Theory of Sexuality." In Freud's Stages of Human Development: 5 Psychosexual Stages. Simply Psychology.

家劫舍等等。

　　從根本上來講，原欲需求是出於能夠生存和延續的目的，這是一種天然的力量，驅使我們產生自發行動的原動力，為肉體需求及安全感而產生的極短暫動力，能在一瞬間充滿力量。所以若然你現置身於三餐不飽的狀況下，又或是你為了追求到心愛的另一半，只要能刺激到的原欲需求，你的動力便會驚人地爆發出來。可是必須注意的是，這種動力在滿足的同時間便會很快失去力量。例如男士在得不到性欲滿足前，便會有很大的動力去行動，可能是追求或討好另一半，又可能是甜言蜜語。可是在性欲滿足的一刻，便會立即失去大部分原先的動力。又例如你因收入不穩，令自己對三餐及居住都沒有足夠的安全感，你便會有很大動力馬上去賺錢，可是當你在滿足這些安全感後，你便會失去大部分的動力，沒有動機再追求更大的財富及突破，跌落舒適圈之中，這便是原欲需求的動力現象。

第二層：心靈需求的動力

　　心靈需求意即追求精神上享受的快樂，這種快樂與滿足原欲需求的快樂截然不同，在第一層中的快樂是透過滿足肉體及安全感而得來的，而這一層的快樂卻建立在心靈上。這份心靈動力與生俱來，人天生自然就會追求這三類心靈需求的傾向，三個類別分別是：

第一類：追求被認同的快樂
第二類：追求被愛的快樂
第三類：追求真善美的快樂

第一類：追求被認同的快樂

　　這個動力的意思就是為了追求自我及別人對自己的認同而滿足，此滿足是帶有榮譽感的，這種要求是需要同時得到雙方的認同才能產生快樂的感受。世界一般稱呼這種榮譽感為虛榮，虛幻不實在，以眨義詞形容，目的是不想人追求沒有意義的心靈需求。其實只要能夠運用得宜，便能運用榮譽感使人有向前邁進的動力。認同感是人類生命中很重要的心理元素之一，這種認同感代表自己的人生有價值，獲得認同同時內心會感到喜悅，由這種快樂產生出巨大無比的追求的力量，便是被認同的快樂力量。這種力量可分成以下三個情況產生：

　　自我認同：我們產生動力主動做的事情，例如踢足球、畫畫、聽音樂或一切能發揮自我的事，在進行過程中得到成功感及滿足感，令自己很投入這個行動之中。

　　別人認同：由於想得到他人認同、信任、尊重及需要，因而產生動力去表現自己，期望自己達到他人心中的標準從而獲得他人接受。

　　外在證明：透過外在物質具體吸引別人認同，將成就物質化，例如追求名牌、名錶，社會地位、知名度、高級會所資格等，讓人羨慕自己。

第二類：追求情感的快樂

　　人有各種情感的需要，這是不能衡量的一種需求。情感是人對客觀事物是否滿足而產生的主觀體驗。當情緒未能滿足時會出現安全感不足

及出現空虛感的狀況。因此每個人自然會在不自覺中追求情感的快樂，這種快樂分成以下類別：

被愛的情感需求：渴望能得到無條件的愛，包括獲得家人、朋友的接受、體諒及支持。

愛別人的情感需求：每個人都有「愛別人」並願為別人付出的傾向，從這行動中自己亦能感受到愛。

彌補的情感需求：透過彌補及釋放行為，去補足自己各種的情感需要，例如透過愛情電影或電視劇去補償內心對愛情的需求，又例如透過緊張刺激的機動遊戲釋放內在的抑壓等。正向的彌補及釋放行為可包括：找別人傾訴心事、緊張電影、音樂、玩遊戲機、社交媒體、小説或運動等等。若透過負向的情況彌補及釋放，則可包括：埋怨、説壞話、外遇、酗酒、吸毒、賭癮，甚至在極端情況下造成各種成癮問題。

第三類：追求真善美的快樂

追求真的快樂。每個人天生便會追求真實的事，因此我們會追求得知真相，從而產生好奇心，有很大動力去求知，在確定自己得知真相後產生釋放的快感。同時我們亦會期望別人待己真誠、表裏一致、真心、真摯、純真、認真等。因此我們要求別人對自己遵守承諾來確認這人的話是否真實，還是一個説一套做一套不可信任的人。基於這種動力，我們也會盡力令自己達至表裏一致，並能遵守承諾。這就是由「真」而產生的巨大動力。

　　追求善的快樂。每個人的天性中自然有追求善良的傾向及動力，甚至據統計大部分小孩在成長過程中，在玩兵捉賊遊戲時都傾向要做兵要做好人。原因正因每個人心底都預設追求正義的狀態，終此一生成為好人的意識種在人的潛意識中。因此若自己一旦在生活中做錯事，內心就會激起強烈反彈，很自然地便以推卸責任或尋找藉口化解這種狀態的難受。因我們很難面對自己不好的想法，故每一個人說謊或推卸責任背後，其實都有正向的出發點，其背後目的都是想自己成為一個善良的人。可是這種正向出發點未必能得到大眾的道德價值觀去認同。

　　除非是價值觀已經完全扭曲的人，否則沒有人能名正言順讓自己做惡事而不受良心責備。例如你在說謊的過程中會受到良心責備，以致你知道自己在做錯事，稱之為良心的道德價值觀就是心理學上指的超我，用來管制自己不會做出超越道德的事，以確保自己處於善良的狀態中。亦因為良心的推動，我們在沒有其他動力的驅使下都會盡力迎合世界認為善良的價值觀，例如守信、守時、不犯法、不欺騙別人等。這就是由「善」而產生的巨大動力。

　　追求美的快樂。人對美是一種絕對追求的價值觀，因此在我們的一生中，難免在外表上會有着很多比較。這種比較會產生自卑或自大的兩極表現，能否取其中道是我們一生的修練。對於美的事情，人自然有更嚮往及想擁有之心。女士為了美貌會努力減肥、化妝、護膚，以及願意花費大量金錢去保養及置裝。男士為了美貌的女士，願意花費千金去博紅顏一笑。為了更美外觀的一切事物，我們都願意投放更大的資源去獲得，這就是對美的追求，也是由「美」而產生的巨大動力。

第三層：自我實現的動力

自我實現需求的本質，是人類追求個人成長和潛力發揮的最高境界。這種需求不同於基本的生理或安全需求，它更側重於心理和精神層面的滿足。自我實現是個體內心深處的渴望，是對自身能力的充分發揮和對生命意義的追尋。

當人們滿足了基本的生理需求、安全需求、社會需求和尊重需求後，自我實現需求便開始浮現。我們不再僅僅滿足於現狀，而是開始探索和挑戰自我，尋求更高的目標和成果。我們渴望在自己擅長的領域中取得卓越成就，並希望這些成就能對他人和社會產生積極的影響。

在這一過程中，人們往往會表現出對內在價值觀的堅持，重視道德和精神上的成就勝過物質利益。例如，一位藝術家可能會追求創作的純粹性，而非商業上的成功；一位科學家可能會致力於研究對人類福祉有重大意義的課題，而不是僅僅追求名譽和財富。

在 2004 年，中國功夫巨星李連杰和太太利智帶同一對女兒到馬爾代夫度假，不幸遇上南亞大海嘯，女兒更險被海浪沖走，他搶救時腳部受傷。李連杰親身感受過災難，感受特別深刻，經歷這次海嘯浩劫後人生觀亦轉變，醒覺到生死只是一線之隔，沒法預算，所以要珍惜身邊人、家人和生命。此事後李連杰即萌生成立基金的念頭，遂發起「一人一願一元」，希望把這個行動由香港傳到中國，甚至世界各地。李連杰事後成立一基金（ONE Donation），希望能起呼籲一人一個月捐一元，以幫助有需要的人，此基金一直運作至今幫助有需要的人。因為經歷過

生死，李連杰對生命有更深的感悟才生出為世界理念的貢獻心。又如聖雄甘地在印度受到英國不公平待遇時提出的非暴力不合作運動；馬丁路德金（Martin Luther King, Jr.）在美國為爭取黑人人權而死；昂山素姬於緬甸軍政府控制下爭取民主以致失去多年自由等，這些偉人都擁有為世界貢獻的理念，並非單為自己爭取好處，過程中願意忍受極大的痛苦，我們可以從他們身上見證到他們追求理念快樂的動力。

自我實現需求的特徵包括強烈的內在動機、自我挑戰、創造力和追求真理與美的渴望。這類人通常具備高度的自律性，對自己的目標有明確的認識，並且願意為實現這些目標付出持續的努力，也會不斷尋求個人的突破，並在這個過程中獲得深刻的成就感和滿足感。這就是「自我實現」的動力。

如何發揮「追求快樂的動力」？

當我們認識心理學上這三種「追求快樂的動力」後，便要學習如何將這些轉化成自己的動力，以至能讓自己運用於達成自己的目標之中，加速進度並提升成功率。首先我們要知道，為自己的力量是最為微弱，也是最短暫、最難以維持的動力層。大部分人都曾在人生中試過對自己許下承諾，或訂下目標給自己，這些目標都很有理念，受益的主角便是自己，例如：每天運動跑步一小時、每天要早晨六點起牀閱讀或祈禱、或在五年內爭取 100 萬元收入等，可是往往這些目標都很難完成，因為對自己是最難兌現承諾的。自己在無法達到目標時會藉口很多，也容易放任接受自己的軟弱，盡量令自己感覺良好。大部分的人能夠對別人嚴格，卻對自己寬鬆。

　　可是若你將動力建立在「為別人而努力」上，你的動力便能符合以上第一二層的動力，你便會有強大而穩定的動力，能助你持久堅毅地向目標邁進。假設你要努力的對象是你的愛人，愛人可以是你的父母、另一半、任何家人、朋友等，通常指一些對你生命很重要的人，為着他們的需要你會充滿動力爭取一切。以我自己為例，在 18 歲時由於我要努力賺錢醫治家人的頑疾，因此我變得很有動力去拼博，所以我決定要創業，因為只有創業才能令自己在短期內賺到高額的收入。這種動力相比為自己的動力大得多，因受益對象是別人並非自己。若我不夠努力，便會令身邊的人受苦，這種想法會更容易產生出極大動力推動自己成為有責任感的人，願意堅持並且忍受痛苦只為達成目標。並且在過程中，符合了第一層的原欲需求，因為當時的我連三餐也不溫飽，若不能賺到足夠的生活費，便不能令家人有錢去生活及看醫生。也符合了第二層心靈上的需求，因我為了愛的人能夠付出，並且過程中我有足夠的自我認同感等等。這種做法就是透過增加壓力來啟動第一二層的動力，亦稱「借動力」。

　　為了別人所產生的動力是巨大的，蘋果公司創辦人喬布斯（Steve Jobs）的養父養母為了領養喬布斯，承諾其親生父母一定會竭盡所能供養他入讀大學[3]，他的養父養母皆是低下階層人士，一生努力工作儲蓄，收入也不高，可是最後他們成功供喬布斯進入美國當時學費最昂貴的大學。推動他們有如此意志堅毅去做的，便是這種「為了他人的動力」。

3　Isaacson, W. (2011). Steve Jobs. Simon & Schuster.

一個單親母親可以為了兒女捱更抵夜每天做幾份工作賺取生計，為求供書教學提供最好的生活環境，她的意志是驚人的，在旁人眼中這是一個奇蹟。一個丈夫為了患病的太太，努力學習並創業賺錢，提升更多的財力去醫治自己的妻子，過程中沒有失敗的退路，只能無論如何都努力達到目標。這些例子在我們身邊屢見不鮮，為何他們有這麼大的原動力呢？一個人若為自己的利益爭取，動力不能維持太久。若一個人為自己心愛的人爭取，將產生出堅毅鬥志及不滅的動力，在過程中不可能有失敗的可能，因為一旦失敗便會影響到自己的愛人，這正是無論如何都充滿動力的狀態。

找出自己生命動力的方法

有不少年青人常來找我查問增強動力的方法，因為現今一代對力爭上游的動力很弱。他們一方面知道應該在可拼博時用心去做事業，可是同時又真的沒太大動力。一般來説，這些年青人都是在一個溫暖的家庭中成長，父母親有自己的事業或經濟基礎，能讓子女不用憂柴憂米地成長及生活，並且能滿足子女大部分的物質需求。就是基於這種溫室培育子女的做法，令子女失去第一層的動力，所以他們自小便沒太大動力去追求目標。我給他們的意見是：搬出去獨立生活。當他們拒絕父母經濟上的照顧，並且自己搬出去居住，只要他們明確知道絕不可再搬回與父母同住，這時便會產生第一二層巨大的壓力。這種壓力會推動轉化為巨大的動力，人沒有動力便不會持續地行動。因此掌握自己心底的需求，為自己找出生命的動力，是每個成功人士必備的條件之一。

第 十 二 章
正面思維

（在《思考致富》英文原文中，第十二章的題目是「The Subconscious Mind」，
中文版譯作：潛意識。）

面對逆景低谷只能選擇正面或更正面。

　　《思考致富》的最重要心法就是「凡是人心所能想像並且相信的，
終必能夠實現。」所以管理我們內心想法及念頭，是整個學說中的重
點。在我們面對順景時，這些想法的影響性不大。可是人生不如意時十
常八九，在面對這些逆景階段時，我們大腦潛意識中存着的是正面還是
負面的想法，這就是核心致勝關鍵。因為當我們的信念愈去自怨自艾，
就代表我們愈認同並相信這些負面想法，這樣會令更多的負面事情不斷
在現實中出現。因此拿破崙・希爾博士在思考致富學說上，有一個很重
要的思維心法，叫「積極心態」（Positive Mental Attitude, PMA），這
是指個人以積極、樂觀和建設性的方式看待生活和挑戰的一種心態。這
種心態強調個人在面對困難和逆境時，保持積極的思維模式，並相信自
己有能力克服困難、實現目標。積極心態的核心理念在於專注於解決問
題而非陷入消極情緒，從而提升生活質量和工作效率。

積極心態的基本要素包括：

積極思維：用積極的語言和自己對話，例如「我能做到」而不是「我
　　　　　做不到」。

自信思維：相信自己的能力和價值，能夠應對生活中的挑戰。

樂觀思維：相信無論遇到甚麼困難，最終都能找到解決的辦法。

堅持思維：不輕易放棄，面對困難時依然保持努力和動力。

感恩思維：每天花時間感謝生活中的美好事物，即使是小事，也能
　　　　　讓心情變得更好。

成長思維：相信能力和智慧可以通過努力和學習來提升，而不是固
　　　　　定不變的。

正向思維：在面對困境時，嘗試找到積極的一面或潛在的機會。

自我接納：接受自己的不完美，並認識到每個人都有缺點和不足。

持續學習：保持對新知識和新技能的渴望，不斷學習和進步。

自我激勵：設定目標並持續激勵自己去達成，保持動力。

接受挑戰：把挑戰視為學習和成長的機會，而不是困難和障礙。

享受當下：專注於當下的時刻，不過分擔憂未來或沉溺於過去。

　　擁有積極心態的人通常會更容易應對壓力，並在困難中保持心理韌
性。他們傾向於看到機會而非障礙，這使他們在職場、學習和人際關係
中更容易取得成功。此外，積極心態還有助於促進心理健康，減少焦慮
和抑鬱的風險，並提升整體生活滿意度。

每次失敗都種下一顆成功的種子

在我人生創業的數十年過程中，經歷過一次又一次的失敗，每次失敗都令我很氣餒，因每次我亦付出很多心血全力以赴。可是當回顧人生時，卻發現每一段失敗背後都隱藏了很多成功的種子。沒有當年的經歷，就不會獲得寶貴的經驗，亦不能為日後的生意鋪路。當人生經歷慢慢累積起來後，我明白到：每個苦難都是化了妝的祝福。

很多人害怕失敗，認為會失去面子。而每次遇到對方傾訴這些情況，我就會問對方：在 Google 搜尋能找到你嗎？你在熱搜榜上嗎？如果沒有，請不要覺得失去面子，若我們根本就沒有面子，那其實沒有任何東西失去。在我創業的字典中，沒有失敗，只有放棄。如果你怕失敗而不敢開始展開行動，這才是世界上最失敗的人；如果你只失敗過一次就放棄，證明你並非成功的料子。失敗並不可恥，未失敗過如何達至長久成功？一個人學打麻雀可是未嘗試過輸錢，是不會學到一身好功夫。一個做生意或做投資的人未嘗試過輸得一敗塗地，也很難學到寶貴的經驗而變得老練。同樣地做人亦是同樣道理，寧願在年輕時讓自己經歷輸得一敗塗地，好過保持一生從未輸過，卻終生困於窮困之中。

記得我 20 歲出頭時，很多人很看好我，常對我説：「Arthur，你已經打開半道法拉利的門。」他們向我暗示成功已在前面，我很感激他們對我的欣賞及支持，因他們的鼓勵也令我內心溫暖很長時間，在我遇到低谷時，我也會反覆想起這些説話用作激勵自己。而懇請大家切記小心這類型吹捧的話語，因它會先把你哄上天，令你以為自己很有面子，已

經是「Somebody」，有一定成就。請謹記：時刻保持內心謙卑。當時我聽到這些甜言蜜語時，便立刻回答：「多謝你的欣賞，我也相信我未來一定能有一番成就，可是即使明天真的有一部法拉利等我，今天我也會先努力清還當月信用咭欠款，一步一步來。」大家追夢也要繼續貼地，認清當刻的現實並好好面對。

有一年我遇上經濟困境，同時要處理生意的官司，窮困得無法發薪予員工，當時我做了一個決定，就是「馬死落地行」去做小販在街頭擺檔賺錢。我日間帶領員工奮鬥，晚上九點就祕密地去旺角街頭開檔賺生活費。當時有人問我：「你平常做生意有頭有面，晚上去做小販會否很丟臉？」坦誠說，當時的我根本就沒有面子可言，因我已沒東西可以再輸，有甚麼比窮更沒面子？要面子還是要窮？當時我欠債累累，日日被追債公司不客氣地問候說：「沒錢還學人做生意！？」然而「錯就要認，打就要企定」，我只可擁着正面積極的態度去面對。明天的憂慮殺不死今天的我，所以今天的我仍要好好的活，這樣我才能活到明天。在那段很窮的日子裏，我連租金都付不起，是好朋友替我交租金去支持我的生活。當時父親問我為何做小販，我不敢讓他知我生意遇到困境，只回答說：「我還年青力壯所以多賺些錢。」每晚我開檔至深夜才坐尾班地鐵回家，當時我堅持每晚落街跑步，以保持健康身體及心態，因為有正面積極的心態，我才能持續沉着面對這些逆境日子。那時真的有苦自己知，眼淚在心裏流。面對逆境，我內心不斷提醒自己：我只能選擇正面或更正面。最終我漸漸還清債務，走出生意的低谷，並再闖上另一個人生的高峰。

今天若然你正經歷環境不好、際遇不好，甚至經濟不好，那就讓自己用 PMA 積極態度去慢慢做就行，那怕每日只能做好一件事都可，只要每日堅持做正確的事，成果自然會追隨而至。只要生命還在，就一定仍有機會。

無形資產思維

台灣最高的建築物台北 101，塔高 509.2 米，比香港最高大樓環球貿易廣場（ICC）更高。台灣與香港不同，台灣處於地震帶，若建築物的根基起得不夠穩健，建得愈高就愈危險。若台北 101 可見的位置已有 509.2 米高，那麼深藏在地下的根基只會更長更深，這樣才能確保大廈的安全。就如一棵樹如生長至 10 米高，底下的根絕不止 10 米長的道理一樣。我們不要單看一棵大樹的外在結出的果實很多而且十分粗壯，它們其實一直努力向下向橫不斷生長很長很深的根去抓實泥土，只是我們肉眼看不到。人亦一樣，我們看到一個人的外在成就，這只是它的樹幹及果實，我們稱作「有形資產」，而底下看不見的根則稱作「無形資產」，這些無形資產才是真正產生有形資產的關鍵。

我試舉一例子說明，就算你不是足球球迷，很大機會你都能認識葡萄牙球星 C 朗拿度（Cristiano Ronaldo）。據報導於 2023 年，C 朗拿度加盟沙特阿拉伯球會，年薪達 16 億港元[1]！

1　"Cristiano Ronaldo becomes world's highest-paid athlete after Al Nassr move." BBC. https://www.bbc.com/sport/65471162

16 億是甚麼概念？

若換算成一日計算即等於 $4,383,561 / 日薪

若換算成一個小時計算即等於 $182,648 / 時薪

若換算成一分鐘計算即等於 $3,044 / 分薪

若換算成一秒鐘計算即等於 $50.7 / 秒薪

我們要思考的問題是，為何 C 朗拿度能值得 16 億港元年薪？

答案是他的思維、能力、態度、更是他的影響力。

　　C 朗拿度曾試過在一場記者會上，拿走枱面上的一支可口可樂並搖搖頭示意這並不健康，他的影響力令可口可樂公司股價一夜蒸發 40 億美元[2]。因他的影響力令全球傳媒大量報道沙特阿拉伯的足球比賽，同時吸引大量球星加盟到當地的足球俱樂部。一個人怎麼才能獲得 16 億港元年薪收入？這個人必先擁有賺取 16 億港元年薪的無形資產。

　　如果你發覺生命沒有結出果實，即財富、事業、地位、名聲等，那就是你的根基出現問題。如果你凡事斤斤計較，看不到回報就不付出，就很難建立起足夠的無形資產。請記住，當建立足夠的「無形資產」後就能源源不盡地生出各種「有形資產」。然而當你沒有足夠強壯的根，就無法支撐樹幹，更不可能結出好的果實。如果你的根不夠力支

2　"Cristiano Ronaldo snubbed Coca-Cola. Then their market value sank $4 billion." CBS News. https://www.cbsnews.com/news/cristiano-ronaldo-coca-cola-market-value-loss/

撐樹幹，可是你又生長得很高，當一個颱風來臨，你便是倒塌下來的一棵。我們的人生也是如此，當我們人生遇上失敗或逆境時，就是說這只是自己未夠無形資產的狀況。這刻我們便要保持 PMA 積極態度，一步一步努力去建立各種無形資產，這就是將負面思想轉為正面思維的心法祕訣。

在一件事上：
若賺不到金錢，也要賺到知識
若賺不到知識，也要賺到經驗
若賺不到經驗，也要賺到閱歷

擁有 PMA 積極態度的人，最後一定能擁有閱歷、經驗、知識及財富，因為凡是人心所能想像並且相信的，終必能夠實現。

第 十 三 章

情緒管理

（在《思考致富》英文原文中，第十三章的題目是「The Brain」，中文版譯作：
大腦。）

我們的成就不會大於自己的心態。

　　在過去的百年間，科學家們在研究大腦荷爾蒙與情緒的關係上取得
了豐碩的成果。這些研究揭示了荷爾蒙如何在塑造我們的情緒，並引領
我們進入了一個理解心靈和身體之間微妙聯繫的新時代。

五種荷爾蒙

多巴胺：快樂與獎勵的化學使者

　　多巴胺，這種神經遞質，常被稱為「快樂荷爾蒙」。早在 1950 年
代，科學家們首次發現它在大腦中的存在，並逐漸揭示了它在獎勵系統
中的核心作用。現代研究表明，多巴胺水平的變化直接影響我們的愉悅
感和動機。高多巴胺水平能帶來強烈的快感和動機，然而，過度活躍的

多巴胺系統則可能導致躁狂症或精神分裂症的出現 [1]。

血清素：情緒的穩定器

　　血清素被認為是情緒的穩定器。20 世紀中葉，科學家們發現血清素與抑鬱症之間存在密切關聯。隨後的研究表明，血清素再吸收抑制劑（SSRIs）能有效提升血清素水平，從而緩解抑鬱症狀。血清素的不足不僅與抑鬱相關，還與焦慮和強迫症有關 [2]。

皮質醇：壓力的雙刃劍

　　皮質醇，這種被稱為「壓力荷爾蒙」的化學物質，是我們應對壓力的主要工具。然而，過多的皮質醇則會對情緒造成負面影響。20 世紀末的研究指出，持續的高皮質醇水平與慢性壓力和焦慮症密切相關。長期的皮質醇升高會損害海馬體，影響記憶和情緒調節功能 [3]。

1　　McCutcheon, R. A., Abi-Dargham, A., & Howes, O. D. (2019). Schizophrenia, Dopamine and the Striatum: From Biology to Symptoms. Trends in Neurosciences, 42(3), 205-220. doi:10.1016/j.tins.2018.12.004

2　　Berger, M., Gray, J. A., & Roth, B. L. (2009). The expanded biology of serotonin. Annual Review of Medicine, 60, 355-366. doi:10.1146/annurev.med.60.042307.110802

3　　Sapolsky, R. M., Romero, L. M., & Munck, A. U. (2000). How do glucocorticoids influence stress responses? Integrating permissive, suppressive, stimulatory, and preparative actions. Endocrine Reviews, 21(1), 55-89. doi:10.1210/edrv.21.1.0389

催產素：愛與信任的化學基礎

催產素，又稱「愛的荷爾蒙」，在促進社會連接和情感依戀中起着關鍵作用。1990 年代的研究發現，催產素水平的提升能增強信任和同理心，減少恐懼和社交焦慮[4]。這些發現揭示了催產素在維持人際關係中的重要性。

腎上腺素和去甲腎上腺素：應激反應的調節者

腎上腺素和去甲腎上腺素在「戰鬥或逃跑」反應中扮演重要角色。這些荷爾蒙的升高會引發身體的應激反應，增加心率和血壓，準備身體應對緊急情況。20 世紀中葉，研究表明，這些荷爾蒙在短期內有助於應對壓力，可是若長期過度分泌會導致焦慮、心血管疾病和其他健康問題[5]。

情緒的複雜調控

現代神經科學強調，情緒的調控是多種荷爾蒙和神經遞質相互作用的結果。每一種荷爾蒙都不單獨作用，而是通過錯綜複雜的神經網絡影響情緒和行為。例如，血清素與多巴胺在調節情緒上有協同作用，平

4 Kosfeld, M., Heinrichs, M., Zak, P. J., Fischbacher, U., & Fehr, E. (2005). Oxytocin increases trust in humans. Nature, 435(7042), 673-676. doi:10.1038/nature03701

5 Goldstein, D. S. (2010). Adrenaline and noradrenaline: Two sides of the same coin. Annals of the New York Academy of Sciences, 1180, 9-24. doi:10.1111/j.1749-6632.2009.05156.x

衡這兩者有助於維持穩定的心理狀態。催產素的作用也不僅限於情感連接，它還能通過減少皮質醇來間接緩解壓力和焦慮。

透過這五種荷爾蒙，組合成十三種慣常影響我們事業及成就的負向情緒：

第一種負向情緒：悲傷 (Sadness)

好處：悲傷促使人們深刻反思過去並尋求改變，能增強同理心和社交連結。

壞處：長期停留在悲傷情感中，會導致動力下降、工作效率減少，甚至減低生存慾望。

案例：著名作家弗吉尼亞‧伍爾夫 (Virginia Woolf) 在一生中多次經歷嚴重的悲傷情緒。她的情緒波動極大地影響了她的寫作生涯，導致多次精神崩潰和住院治療。最終導致她在 1941 年自殺，結束了她的生命[6]。

第二種負向情緒：沮喪 (Depression)

好處：透過挫敗引致適度的沮喪，可以激發反思和推動創新和變革。

壞處：過度沮喪會導致生存動機下降、士氣低落和工作效率減少。嚴重的會引發抑鬱症。

6　Lee, Hermione. "Virginia Woolf." Vintage, 1997. ISBN 978-0375701368

案例：張國榮（Leslie Cheung），香港著名歌手和演員。在其事業高峰期，患上嚴重抑鬱症，最終在 2003 年選擇結束自己的生命[7]。

第三種負向情緒：憂慮 (Worry)

憂慮指對已發生的事的擔憂。

好處：適度的憂慮可以促進修正問題，幫助制定更周全的計劃，使人更加謹慎和細心。

壞處：過度憂慮會導致精神壓力過大，影響決策效率和工作進度。長期的憂慮可能引發情緒病和其他心理健康問題。

案例：金融家和投資者尼克・李森（Nick Leeson）在巴林銀行（Barings Bank）擔任交易員期間，由於對其隱瞞的虧損感到極度憂慮，最終導致了精神崩潰和錯誤決策[8]。他的行為最終導致了這家歷史悠久的銀行在 1995 年倒閉。這個案例說明了過度憂慮如何對個人和組織造成毀滅性的影響。

第四種負向情緒：焦慮 (Anxiety)

焦慮指對未發生的事的擔憂。

好處：適度的焦慮可以促進警覺性及幫助識別和解決問題。焦慮驅

7　"Leslie Cheung, 46; Actor, Pop Singer Takes Suicide Leap." L.A. Times. https://www.latimes.com/archives/la-xpm-2003-apr-03-me-cheung3-story.html

8　Rawnsley, Judith. "Going for Broke: Nick Leeson and the Collapse of Barings Bank." HarperCollins, 1996. ISBN 978-0006386536

動人們採取預防措施，避免潛在的失敗。

壞處：過度焦慮會導致優柔寡斷、注意力分散及不敢作出行動。長期焦慮可能導致心理健康問題，影響工作表現。

案例：李嘉誠（Li Ka-shing），香港著名企業家。在 1990 年代由於對亞洲金融危機的焦慮，他一度停止了許多投資計劃；在 2019 年全球疫情展開時，亦對前景感到焦慮，因此亦大幅抽起各地的投資轉回現金。適當運用焦慮能避過風險，過度焦慮則會造成不敢行動的問題。

第五種負向情緒：自卑 (Low Self-Esteem)

好處：適度的自卑可以促使個人保持謙虛，願意接受批評和建議，從而不斷改進和提升自己。

壞處：過度的自卑會導致自我懷疑、缺乏自信和動力不足，影響個人的決策能力和工作效率。

案例：梵高（Vincent van Gogh）著名的荷蘭畫家。他一生中經常受到自卑情緒的困擾，對自己的藝術才能缺乏信心[9]。這種持續的自卑感導致了他的精神健康問題，最終在 1890 年選擇結束自己的生命。

第六種負向情緒：孤單感 (Loneliness)

好處：適度的孤單可以促進自我反思和深度思考，幫助制定更清晰

9　Naifeh, Steven; Smith, Gregory White. "Van Gogh: The Life." Random House, 2011. ISBN 978-0375758973.

的目標和計劃。

壞處：過度的孤單感會導致心理健康問題和工作滿意度下降。就算身處在人群中，亦可長期感到孤單感，這是一種因比較而來的主觀感受。長期的孤單感可影響團隊合作和領導能力，更會損害自身的動力。

案例：尼古拉·特斯拉（Nikola Tesla）是一位著名的發明家和電機工程師，以其在交流電（AC）系統、無線電技術和其他領域的貢獻而聞名。他的工作對現代電力系統和無線通信技術有着深遠的影響。他在晚年時顯得愈來愈孤僻和偏執，因過度孤獨而遠離社交圈，這影響了他的創新能力和工作效率。他的許多晚期發明未能得到實現或商業化，部分原因是缺乏資金和支持。這影響了他的創新能力和事業發展[10]。

第七種負向情緒：失望 (Disappointment)

好處：對自己或對人擁有適度的失望，可以激發自我反省和改進，推動個人和團隊尋求更好的解決方案，亦可促使人們重新評估目標和策略。

壞處：過度的失望感會導致動力下降、士氣低落和工作效率減少，亦會破壞人際間的交流及合作。

案例：美國太空總署（NASA）在 1986 年挑戰者號（Challenger）穿梭機災難後，經歷了極大的失望和挫折。這次事故導致七名太空人喪生，並且對 NASA 的信譽和士氣造成重大打擊。由於這次災難，NASA

10　Carlson, W. B. (2013). Tesla: Inventor of the Electrical Age. Princeton University Press.

不得不暫停所有太空計劃，進行全面的調查和反思 [11]。儘管這次事故帶來了深重的失望，可是也促使 NASA 進行了全面的改革和改進，最終提高了太空飛行的安全性和可靠性。

第八種負向情緒：內疚 (Guilt)

好處：內疚能促使人們反思錯誤，改進行為和決策。它可以增強責任感和道德標準，推動個人和組織的自我改善。

壞處：過度內疚會導致自尊心下降和工作動力減少，令人活在過往的錯失之中。

案例：蘇珊・史密斯（Susan Smith），美國女性，由於過度內疚和情緒困擾，最終在 1994 年犯下了殺害自己兩個兒子的罪行。她在法庭上表示，她的行為是由於無法處理內心的內疚和壓力所致 [12]。

第九種負向情緒：羞愧 (Shame)

好處：羞愧可以激發個人的自我反省和改進，促進誠實和透明溝通，亦能幫助建立更高的道德和行為標準。

壞處：過度羞愧會導致自我價值感下降和心理健康問題，影響工作表現和人際關係，更可能使人們迴避挑戰和責任。

---

11   "Space Shuttle Challenger Disaster." NASA, 1986

12   "Susan Smith: A Mother's Guilt and the Ultimate Crime." Crime Library, 1994.

案例：林奕含（Lin Yi-han），台灣作家，她在年輕時期遭受性侵，並因內疚和羞恥感而長期受困於心理陰影中 [13]。這種持續的內疚感最終導致她在 2017 年選擇結束自己的生命。

第十種負向情緒：壓力 (Stress)

好處：適度的壓力能夠提高工作效率和生產力，激發創新和解決問題的能力。壓力促進警覺性和動力，使人更專注於工作。

壞處：過度壓力會導致焦慮、倦怠和健康問題，從而降低工作效率和質量。長期壓力可能引發疾病。

案例：安東尼・博登（Anthony Bourdain）是一位著名的廚師、作家和電視節目主持人。他在《廚房機密》（Kitchen Confidential）一書中揭露了餐飲業的高壓環境，並且在他的電視節目《不知名的角落》（Parts Unknown）中也展示了全球各地的飲食文化。然而，博登在事業高峰期依然感受到巨大的壓力和焦慮，最終導致他在 2018 年選擇結束自己的生命 [14]。這悲劇說明了即使在成功人士中，過度壓力也可能帶來致命的後果。

---

13 " 林奕含：從《房思琪的初戀樂園》看性侵害與內疚感 ." 聯合報 , 2017.

14 "Anthony Bourdain, Renegade Chef Who Reported From the World's Tables, Is Dead at 61." The New York Times, 8 June 2018. https://www.nytimes.com/2018/06/08/business/media/anthony-bourdain-dead.html

第十一種負向情緒：煩躁 (Irritability)

好處：適度的煩躁可以提醒個人注意到環境或情況中的問題，促使採取行動來解決問題和改善狀況。煩躁也可以有強大的推動力，以至更快地完成任務。

壞處：過度的煩躁會導致情緒失控，影響人際關係和工作效率，也可能會引發衝突、壓力和焦慮，損害個人的心理健康。

案例：史蒂夫·喬布斯（Steve Jobs），蘋果公司的聯合創始人，以其對細節和完美的追求而聞名。然而，他的高標準和煩躁情緒常常導致他在工作中對員工過於苛刻，甚至公開斥責員工。這種行為不僅損害了員工的士氣，還導致一些優秀人才離開公司。雖然喬布斯的領導風格促進了蘋果的創新，但他的煩躁情緒也對團隊合作和公司文化產生了負面影響 [15]。

第十二種負向情緒：嫉妒 (Jealousy)

好處：嫉妒可以激發競爭力和進取心，推動個人和團隊努力達到更高的目標，亦能激勵人們超越對手，追求卓越。

壞處：過度嫉妒會導致內部競爭和人際衝突，損害團隊合作和工作氛圍。嫉妒情緒可能引發不道德行為和工作不滿。

案例：在科技行業中，蘋果公司（Apple）和三星電子（Samsung

15　"Steve Jobs: The Man Who Thought Different." Karen Blumenthal, 2012. ISBN 978-1250014450.

Electronics）之間的競爭就是一個典型的例子。兩家公司都在智能手機市場上爭奪領先地位，這種競爭激發了快速的創新和市場進步。然而，這種競爭也導致了多次專利訴訟和不正當競爭行為。例如，蘋果曾多次指控三星侵犯其專利權，並成功獲得了巨額賠償，而三星也反過來指控蘋果侵犯其專利 [16,17]。

第十三種負向情緒：憤怒（Anger）

好處：適度的憤怒可以激發行動和改變，推動解決不滿和不公正，也能增強決心和毅力，促使人們克服障礙。

壞處：過度憤怒會導致人際衝突、決策失誤和工作環境惡化，更可能損害團隊合作和領導者的聲譽。

案例：史蒂夫·巴爾默（Steve Ballmer）在擔任微軟公司（Microsoft）CEO 期間，以其激情和憤怒而聞名。他的憤怒有時推動了公司的變革，也導致了內部的緊張和離職潮。例如，他在一次會議中因為員工使用 iPhone 而勃然大怒，並將手機摔在地上。這種行為雖然展示了他對公司忠誠的高要求，可是也導致了員工士氣低落和優秀人才的流失 [18,19]。

---

16   "Apple vs. Samsung: A Battle of Patents and Innovation." Forbes, 2018.

17   "The Ethical Dilemma at the Heart of Big Tech Companies." Harvard Business Review, 2019.

18   "Why Steve Ballmer Failed." The New Yorker, 2013.

19   "Steve Ballmer's Biggest Mistakes As CEO Of Microsoft." Business Insider, 2013.

十三種情緒能量的高低排列（由低至高）

悲傷 (Sadness)

沮喪 (Depression)

憂慮 (Worry)

焦慮 (Anxiety)

自卑 (Low Self-Esteem)

孤單感 (Loneliness)

失望 (Disappointment)

內疚 (Guilt)

羞愧 (Shame)

壓力 (Stress)

煩躁 (Irritability)

嫉妒 (Jealousy)

憤怒 (Anger)

情緒在事業發展中的影響，既有積極的一面，也有消極的一面。通過理解和管理這些情緒，我們可以在事業中更好地應對挑戰，實現目標。

怎樣運用正向情緒？

每人每日都會經歷大量的情緒變化，在生活的事情中產生情緒是很正常的事。只是同一件事，若發生在不同人身上，可能就會有截然不

同的情緒反應。例如在一個排隊隊伍中，突然有人在前頭打尖，同樣是在這個隊伍上，有的人會感到很憤怒，會對打尖這個人出聲阻止；有的人會感到恐懼，因害怕惡勢力所以會迴避；有的人會敢怒不敢言，生怕若出聲會被惹上麻煩；有的人會很有同理心，認為對方一定是有需要所以才會做出此行為，所以是值得被體諒的。導致各人有這些不同情緒反應，首先是由我們的天生性格導致，若你是天性較衝動性格的人，一下子便會產生憤怒的情緒。然後再由你的核心信念產生想法，接續便會產生各種荷爾蒙的分泌，產生各種情緒。例如你的信念中，認為人要有正義感，對不公平的事要不平則鳴，你就會產生憤怒感並敢於出聲去為公義發聲，這就是一種正向的發揮。相反假若你的信念中你認為武力可解決一切，你的憤怒可能便會以攻擊對方的形式表達出來，這便是一種負向的發揮。

由此可見，產生情緒不是問題，產生情緒後我們內心會生出甚麼想法，這個想法才是關鍵。情況就如我們內心中養着兩群動物，一群是黑狼，一群就是白羊。當黑狼強大的時候，就會吃掉所有白羊。若是白羊強大的時候，就有能力趕走所有的黑狼。黑狼就是代表我們內心負向的思維，例如：負面、消極、自我不認同、一切惡毒的想法等等。所以當黑狼強大的時候，我們生命中便看不到美好的事情，眼中盡是一切不好的事物，亦會變得胸襟狹窄、斤斤計較，諸多猜疑及妒忌等等。而白羊就代表我們生命中一切美好部分的思維，例如：正面積極、樂觀、自信、感恩、感到被愛等等。當白羊強大的時候，我們看到生命每事每物上都有美好的部分，因此我們對人的包容心及同理心都會提升很多。最後我們產生甚麼情緒，便是看我們內心中，是白羊多還是黑狼多。

黑狼及白羊都需要養分才能長大，我們每日在內心中，選擇餵養黑狼多，還是選擇餵養白羊多呢？

或許我們在成長過程中，都經歷過「被餵養」黑狼，意思即是身處於一個負面的環境下，不斷被批評、責罵、責打或侮辱等。例如童年時被責罵說「你這麼差，將來預備做乞丐吧！」。在歷史上的而且確我們被這樣責罵過，這也是一次被餵養黑狼的經歷。可是這個責罵你的人明明只罵過一次，為何對我們人生會有這麼大的影響力？因為雖然對方只罵過一次，可是我們在內心中由自己「重覆」了千千萬萬次，在每一次內心對話中罵自己，都是在餵一次黑狼，因此我們內心中的黑狼群愈來愈強壯，也因此我們變得慣常生出負面情緒。

既然在生活中產生情緒是很正常也是必然的事，那麼我們的目標不是要抑壓自己的情緒，因每個情緒都有其正面價值。我們真正要處理的，是控制我們內心的想法，這個想法才是導致我們情緒爆發及失控的主因。一念天堂，一念地獄，今天只要我們每時每刻都有意識餵養內心的白羊，停止再餵養內心的黑狼，也有意識離開不斷餵自己黑狼的圈子或環境。這樣我們就能做好情緒管理，讓自己發揮每個情緒的正向力量。

第 十 四 章

品格致勝

（在《思考致富》英文原文中，第十四章的題目是「The Sixth Sense」，中文版譯作：第六感。）

品格是永不貶值的資產。

拿破崙・希爾博士在《思考致富》這一章之中，分享自己用多年時間去運用「觀想」各個當代傑出人士，透過這種幻想模式與他們長時間相處及開會，以近距離形式去學效他們的品格，從此將各人品格上的優點集中並建立於自己身上。這一章將會探討有甚麼關鍵品格能影響我們一生成就，也會探討怎樣才能獲得這些品格。

何謂「觀想」？觀想是一種禪修或靜心的技巧，基本原理是透過集中注意力於特定的形象、概念或象徵，以達到心靈的安定、提升靈性或達到某種內在的覺悟。其中的形象觀想，指專注幻想於某個具體的形象或圖像，如各種當代或歷史人物等，通過視覺化這些人物形象來學習他們的內在神聖特質，來提升自己思維上的覺悟。

品格對事業成功的影響

　　個人品格在個人成就中的重要性不可忽視，品格塑造了一個人的行為方式、處事態度，並深刻影響其一生的成敗。我們可透過以下十四種關鍵品格對事業成功的影響，並通過真實案例瞭解其具體威力。

第一種品格：誠信（Integrity）

　　誠信是職業生涯中至關重要的品格，體現為言行一致、信守承諾。誠信不僅能建立並維持長期的商業關係，還能在職場中贏得他人的信任和尊重。根據《哈佛商業評論》（Harvard Business Review）的一篇文章[1]，誠信高的領導者更能夠激勵員工，並促進團隊的合作和創新。

　　學效對象：沃倫・巴菲特（Warren Buffett），他是伯克希爾・哈撒韋公司（Berkshire Hathaway）的董事長，他以其高度的誠信聞名於世。他在投資決策中堅持高標準的誠信，不與缺乏誠信的人合作，因此贏得了廣泛的信任和尊重，這成為其長期成功的重要基礎。

　　具體建立這項品格的實際方法：
　　自我反省：每天花幾分鐘回顧自己的言行，確保它們一致。
　　透明溝通：在工作和生活中保持透明，坦誠面對問題和錯誤。

1　Kouzes, J. M., & Posner, B. Z. (2012). "The Truth About Leadership: The No-fads, Heart-of-the-Matter Facts You Need to Know." Harvard Business Review Press.

　　遵守承諾：無論事情大小，都要信守承諾。如果遇到困難，及時溝通並尋求解決方案。

第二種品格：責任感（Responsibility）

　　責任感是對自己的行為和決策負責的態度。具有責任感的人通常更可靠，能夠主動承擔任務並按時完成。責任感在團隊合作和管理中尤為重要，能夠增強信任和協作。根據《哈佛商業評論》（Harvard Business Review）的研究[2]，具有強烈責任感的員工通常表現更佳，並能帶動團隊績效。

　　學效對象：任正非，他是華為技術有限公司（Huawei Technologies Co., Ltd.）的創始人，以其強烈的責任感著稱。在他的領導下，華為從一家小型通信設備公司發展成為全球最大的電信設備製造商之一，並在智能手機市場上取得了顯著的成就。

　　具體建立這項品格的實際方法：
　　主動承擔：在工作中主動承擔責任，完成自己的任務。
　　按時交付：以無論如何都要完成的決心去確保按時完成任務，並達到預期標準。

2　Hill, L. A., & Lineback, K. (2011). "Are You a Good Boss or a Great One?" Harvard Business Review.

接受批評：主動尋求並接受他人的反饋，特別是建設性的批評，從而推動不斷改進和提升。

第三種品格：堅毅（Perseverance）

堅毅是一種在面對困難和挑戰時不輕言放棄的品質。擁有堅毅品格的人能夠在逆境中保持積極的態度，持續努力，直到達成目標。根據安吉拉・達克沃斯（Angela Duckworth）在其著作《毅力：激情與堅持的力量》（Grit: The Power of Passion and Perseverance）中的研究 [3]，堅毅比天賦更能預測成功。

學效對象：馬雲（Jack Ma），他是阿里巴巴集團（Alibaba Group）的創辦人，在創立阿里巴巴之前經歷了多次失敗和挫折，可是他從未放棄。他的堅毅和決心最終使阿里巴巴成為全球最大的電商平台之一。

具體建立這項品格的實際方法：

將目標分段：將長期目標分解成若干個短期可達成的小目標，以獲得成就感激勵繼續前進。

建立支持系統：尋找能支持和鼓勵你的人，如家人、朋友或同事，並定期分享進展和挑戰。

3　Duckworth, A. (2016). "Grit: The Power of Passion and Perseverance." Scribner.

自我反思及調整：定期進行自我反思評估進度，並根據需要進行調整去確保在正確的軌道上。

第四種品格：勤奮（Diligence）

勤奮工作是成功的關鍵因素之一，意味着持之以恆地努力和堅持不懈。哈佛商學院的研究顯示[4]，勤奮工作的人通常更容易在職場上獲得晉升和認可。勤奮不僅能提升個人的專業技能，還能激發團隊的工作熱情和協作精神。

學效對象：霍華德・舒爾茨（Howard Schultz），他是星巴克（Starbucks）的創始人之一，以其勤奮工作聞名。在星巴克起步階段時，舒爾茨每天工作超過十二小時，親自參與公司的每一個細節。他的勤奮和努力使星巴克從一家小型咖啡店成長為全球咖啡連鎖巨頭。

具體建立這項品格的實際方法：

制定每日計劃：每天早上列出當天的工作計劃，並按優先級執行。

設定長中期目標：明確定立你的長中期目標，並分解成可執行的短期目標。

釐清自己的初心：清晰就是力量，只有清晰地確定自己行動的原因，才能有力量持續推動。

4　Goleman, D. (1998). "What Makes a Leader?" Harvard Business Review.

第五種品格：自律（Self-Discipline）

自律是能夠自我約束、管理時間和資源的能力。自律能夠幫助個人在工作中保持專注，完成目標，並避免拖延。根據羅伊・鮑邁斯特（Roy Baumeister）和約翰・蒂爾尼（John Tierney）在《意志力：重新發現人類最大的力量》（Willpower: Rediscovering the Greatest Human Strength）一書中的研究，自律是成功人士的一個共同特徵[5]，能夠顯著提升工作效率和成果[6]。

學效對象：伊隆・馬斯克（Elon Musk），特斯拉（Tesla）和 SpaceX 的創辦人，以其高度的自律和超強的工作熱情著稱。他每週工作超過八十至一百小時，親自參與每一個項目的細節，這種自律使他能夠領導多家企業並取得驚人的成功。

具體建立這項品格的實際方法：

設定明確的目標和優先級：根據重要性和緊急性設定優先級。這樣可以保持方向感和專注力。

創建專注時間段（Deep Work Sessions）：安排固定時間段用於深度工作，關閉所有可能分心的設備和應用程式，如手機通知、電子郵件等。在該段時間內只專注於一項重要的工作任務。

5　Baumeister, R. F., & Tierney, J. (2011). "Willpower: Rediscovering the Greatest Human Strength." Penguin Books.

6　Duckworth, A. (2016). "Grit: The Power of Passion and Perseverance." Scribner.

養成習慣：培養良好的工作和生活習慣，運用習慣來推動行動，如早睡早起、定期運動等。

第六種品格：同理心（Empathy）

同理心是一種理解和感受他人情感的能力。具有同理心的人能夠更好地處理人際關係，並在團隊中創造和諧的工作環境。同理心能幫助領導者理解員工的需求和困難，從而提升團隊的凝聚力和工作效率。根據《情商》（Emotional Intelligence）一書指出[7]，同理心是高情商的重要組成部分，對於領導者來說尤為重要。

學效對象：賈夫・貝佐斯（Jeff Bezos），他是亞馬遜（Amazon）的創始人。他被認為是一位擁有高度同理心的領導者。在他的領導下，亞馬遜成為全球最大的電子商務和雲計算公司之一。貝佐斯注重聆聽員工的意見，建立了一個開放和包容的企業文化。他也非常重視客戶的需求，以客戶至上的理念為公司的發展方向，這種同理心使得亞馬遜能夠在市場競爭中保持領先地位。

具體建立這項品格的實際方法：

情感共鳴：嘗試理解他人的情感和需求，表現出真誠的關心。

建立信任：通過真誠的互動，建立和維護信任關係。

7　Goleman, D. (1995). "Emotional Intelligence." Bantam Books.

解決衝突：在衝突中，嘗試站在對方的角度思考，尋求雙贏的解決方案。

第七種品格：領導力（Leadership）

領導力是一種能夠激勵和引導他人共同達成目標的能力。具有領導力的人能夠有效地溝通、激發團隊士氣並做出戰略決策。根據《哈佛商業評論》上的文章《Leadership That Gets Results[8]》和約翰・科特（John Kotter）的《領導變革》（Leading Change）一書指出[9]，優秀的領導者能夠在困難時期引導公司走向成功。

學效對象：馬化騰，他是騰訊公司（Tencent）的創辦人兼 CEO，是一位展示卓越領導力的企業家。在他的領導下，騰訊從一家小型互聯網公司發展成為全球最大的科技公司之一，業務涵蓋社交媒體、遊戲、金融科技和雲計算等多個領域。

具體建立這項品格的實際方法：

學會傾聽：積極傾聽團隊成員的意見和建議，尊重他們的觀點。

以身作則：在工作中樹立榜樣，展示高效和積極的工作態度。

激勵他人：認可和讚美團隊成員的貢獻，激發他們的潛力。

8　Goleman, D. (2000). "Leadership That Gets Results." Harvard Business Review.

9　Kotter, J. P. (1996). "Leading Change." Harvard Business Review Press.

第八種品格：決斷力（Decisiveness）

決斷力（Decisiveness）是能夠快速做出決策並付諸行動的能力。決斷力對於領導者尤為重要，因為商業環境中的機會和挑戰往往需要迅速應對。根據奇普・希思（Chip Heath）和丹・希思（Dan Heath）在《決斷力：如何在生活和工作中做出更好的選擇》（Decisive: How to Make Better Choices in Life and Work）一書中的研究[10]，決斷力是成功領導者的關鍵特質之一。

學效對象：李嘉誠（Li Ka-shing），他是長江和記實業有限公司（CK Hutchison Holdings）的創始人，也連續多年成為香港首富，以其快速和果斷的決策能力著稱。李嘉誠在投資和商業運作中能迅速識別機會，並果斷行動，這使他成為亞洲最成功的企業家之一。

具體建立這項品格的實際方法：

信息分析：慣常收集足夠的信息，並理性進行分析和評估。

快速決策：在面對問題和機會時，要敢於因應分析而迅速做出決策並付諸行動。

承擔結果：承擔決策的結果，並從中學習和改進。

10　Heath, C., & Heath, D. (2013). "Decisive: How to Make Better Choices in Life and Work." Crown Business.

第九種品格：創新（Innovation）

創新能力是推動企業成功的重要力量。具有創新品格的人通常能提出新的想法和解決方案，這對於企業在競爭激烈的市場中保持領先地位至關重要。麻省理工學院斯隆管理學院（MIT Sloan School of Management）的一項研究表明 [11]，創新是企業增長和盈利的關鍵驅動力。

學效對象：史蒂夫‧喬布斯（Steve Jobs），他是蘋果公司（Apple Inc.）的創辦人，以其卓越的創新能力著稱。喬布斯的創新思維創造了 iPhone 和 iPad 等革命性產品，改變了整個科技行業的面貌。他的創新精神成為蘋果成功的核心驅動力。

具體建立這項品格的實際方法：

Brainstorming：頭腦風暴是一種創意思維和問題解決的方法，旨在通過集體討論和自由思考，激發出大量的創新點子和解決方案。定期進行頭腦風暴，鼓勵自己和團隊提出新想法。

跨界學習：學習不同領域的知識，激發新的思維方式。

試驗和迭代（Iteration）：勇於嘗試新方法，從失敗中學習，不斷改進。

11　Pisano, G. P. (2015). "You Need an Innovation Strategy." Harvard Business Review, June 2015.

迭代（Iteration）是一個數學和計算機科學術語，指的是重複執行一系列操作的過程，每次重複稱為一次迭代。迭代的目的是逐步逼近所需的結果或解決方案，通常應用於需要不斷修正和改進的情境中。

第十種品格：靈活性（Flexibility）

靈活性是能夠在變化中迅速調整和應對的能力。現代商業環境變化迅速，具備靈活性的人能夠在變化中找到機會，並帶領團隊應對挑戰。根據麥肯錫公司（McKinsey & Company）的一項研究[12]，靈活性是現代領導者必備的品質之一，有助於企業在動盪中保持競爭力。

學效對象：張勇，他曾任阿里巴巴集團（Alibaba Group）的董事長，他於 2009 年創立「雙十一」全球購物狂歡節，大幅提升阿里巴巴的市場影響力。自 2015 年接任 CEO 職位後，他積極推動公司在電商、雲計算、數字娛樂等多領域的創新和轉型。張勇的靈活性使阿里巴巴在快速變化的互聯網行業中保持領先地位。

具體建立這項品格的實際方法：

開放心態：世界每刻都千變萬化地進步，必須對新想法和新方法保持開放，並勇於嘗試。

適應變化：在變化中要敢於迅速調整自己的計劃和行動。

12　McKinsey & Company (2020). "The need for speed in the post-COVID-19 era——and how to achieve it." McKinsey & Company.

學習新技能：不斷學習和掌握新科技及新技能，以提升自己的適應能力。

第十一種品格：謙遜（Humility）

謙遜是承認自己的不足和願意接受他人建議的品質。謙遜的人更容易贏得他人的尊重和信任，並且更能接受批評和學習改進。根據布拉德利・歐文斯（Bradley P. Owens）和大衛・赫克曼（David R. Hekman）在《管理學會期刊》（Academy of Management Journal）上發表的學術論文〈成長模式：對謙遜領導行為、應變措施及結果的歸納性研究〉（Modeling how to grow: An inductive examination of humble leader behaviors, contingencies, and outcomes）的研究 [13]，謙遜的領導者更能創造合作和創新的氛圍。

學效對象：蒂姆・庫克（Tim Cook），他是蘋果公司（Apple Inc.）繼喬布斯（Steve Jobs）後的 CEO，以其謙遜的領導風格聞名。庫克在接任蘋果 CEO 後，與員工和客戶保持開放的溝通，並重視團隊的協作和貢獻，這使得蘋果在他領導下繼續保持強勁的業績增長。

具體建立這項品格的實際方法：

13　Owens, B. P., & Hekman, D. R. (2012). "Modeling how to grow: An inductive examination of humble leader behaviors, contingencies, and outcomes." Academy of Management Journal, 55(4), 787-818.

　　主動尋求反饋：定期向身邊的人尋求建設性的反饋，了解自己的不足和需要改進的地方。

　　承認錯誤並學習改進：在遇到錯誤或失敗時，勇於承認並分析原因，從中汲取教訓。

　　重視團隊貢獻：重視團隊合作的重要性，慣常主動認可和讚揚團隊每個成員的貢獻。

第十二種品格：積極性（Positivity）

　　積極性是一種樂觀、向上的態度。積極性不僅能提升個人的工作效率，還能影響周圍的同事，創造積極的工作環境。根據《積極心理學》（Positive Psychology）的研究，積極的心態能提高員工的創造力和生產力[14]，並減少壓力和焦慮[15]。

　　學效對象：張瑞敏，他是海爾集團（Haier Group）的創始人，他以其積極的領導風格和對企業文化的重視聞名。在他的領導下，海爾積極推動國際化戰略，通過收購、合資和自建工廠等方式，迅速拓展全球市場。目前，海爾在全球擁有數十個製造基地和研發中心，產品銷往全球一百六十多個國家和地區。

14　Fredrickson, B. L. (2001). "The role of positive emotions in positive psychology: The broaden-and-build theory of positive emotions." American Psychologist, 56(3), 218-226.

15　Seligman, M. E. P. (2002). "Authentic Happiness: Using the New Positive Psychology to Realize Your Potential for Lasting Fulfillment." Free Press.

具體建立這項品格的實際方法：

保持樂觀：面對困難時，必須堅持選擇保持樂觀的態度，相信自己能夠解決問題。

影響他人：通過自身積極的言行，以實際行動去影響和激勵周圍的人。

管理壓力：學會放鬆和減輕自己的壓力，如運用冥想、運動等，長期保持心理健康。

第十三種品格：自信（Confidence）

自信（Confidence）是相信自己的能力和決策的品質。自信能夠激勵他人，並在面對挑戰時表現出堅定和冷靜。根據坎特（Kanter）在《自信：成功與失敗的起點與終點》（Confidence: How Winning Streaks and Losing Streaks Begin and End）一書中的研究[16]，自信是成功的關鍵因素之一，能夠幫助領導者在困難時期保持穩定。

學效對象：馬克・朱克伯格（Mark Zuckerberg），他是 Facebook 的創始人，也是全球最成功的科技企業家之一。朱克伯格年輕時就展現出了驚人的自信和決心，他相信自己的想法，堅信社交網絡的未來潛力。即使在面對種種挑戰和競爭的情況下，朱克伯格堅持自己的信念，不斷努力實現他的目標。他的自信和決心使得 Facebook 成為全球最大

16　Kanter, R. M. (2004). "Confidence: How Winning Streaks and Losing Streaks Begin and End." Crown Business.

的社交媒體平台之一，並且將他推向了企業家的巔峰。

具體建立這項品格的實際方法：

自我肯定：經常進行自我肯定，相信自己的能力和決策。

積極參與：透過積極參與各種活動和項目，在過程中不斷提升自己的技能和知識。

從錯誤中學習：接受自己從錯誤中成長，不介意經歷失敗，透過經歷來增強自信心。

第十四種品格：公正（Fairness）

公正（Fairness）是指在處理問題時秉持公平和公正的態度，對待每個人都一視同仁。公正的品格能夠建立信任，促進和諧的工作環境，並減少內部衝突。根據科奎特（Colquitt）在《應用心理學期刊》（Journal of Applied Psychology）上的研究[17]，公正是提升團隊士氣和效率的關鍵因素。

學效對象：孫正義，他是日本軟銀集團（SoftBank Group）的創辦人，以其公正和透明的領導風格聞名。他在日本軟銀集團的企業文化方面樹立了良好的榜樣，在他的領導下，軟銀從一家小型軟件分銷公司

17　Colquitt, J. A., Conlon, D. E., Wesson, M. J., Porter, C. O., & Ng, K. Y. (2001). "Justice at the millennium: A meta-analytic review of 25 years of organizational justice research." Journal of Applied Psychology, 86(3), 425-445.

成長為全球知名的科技投資公司。在 2000 年初，阿里巴巴還是一家初創公司，當時並不被大多數投資者看好。然而孫正義看到了阿里巴巴的潛力，並投資 2000 萬美元，這筆投資在阿里巴巴的快速成長中發揮了重要作用。截至阿里巴巴在 2014 年上市時，軟銀的投資價值已經增長到約 580 億美元，這是一次極其成功的投資。

具體建立這項品格的實際方法：

公平對待：在處理問題時，秉持公平和公正的態度，對待每個人都一視同仁。

透明規則：建立透明的規則和程序，確保每個人都能得到公平的對待。

尊重權利：尊重和保護他人的權利和利益。

十四種品格的總結

我們深入探討了十四種關鍵品格對於事業成功的重要性，這些品格包括：

誠信（Integrity）

責任感（Responsibility）

勤奮（Diligence）

堅毅（Perseverance）

自律（Self-Discipline）

同理心（Empathy）

領導力（Leadership）

決斷力（Decisiveness）

創新（Innovation）

靈活性（Flexibility）

謙遜（Humility）

積極性（Positivity）

自信（Confidence）

公正（Fairness）

這些品格通過真實案例展示了每種品格在實際生活和工作中的具體應用和效果。每一種品格都有其獨特的價值和影響力，能夠幫助我們在職場和人生中取得卓越的成就。同時若我們在人生欠缺以上任何一種品格，便會對我們在建立成就上造成很大的破壞。這些品格不僅能提升我們的專業技能和工作效率，還能激勵他人，創造和諧的工作環境，並在面對挑戰時表現出堅定和冷靜。學習和培養這些品格，能幫助我們在人生中取得更大的成成，更能讓我們的人生變得更加豐富和有意義，因此十分值得我們用心去建立。

第 十 五 章

轉化恐懼

（在《思考致富》英文原文中，第十五章的題目是「How to Outwit the Six Ghosts of Fear」，中文版譯作：戰勝六種常見恐懼。）

運用逃避痛苦的動力。

　　拿破崙・希爾博士在這章中道出「六種恐懼」，這些恐懼被認為是阻礙個人成功的主要心理障礙。他指出大多數人的失敗可以追溯到某種基本恐懼之中。這六種恐懼包括：

　　貧窮的恐懼：這是最普遍的恐懼之一，源於財務安全的不確定性。

　　批評的恐懼：這種恐懼來自於對他人意見的過度關注，可能導致自我價值感下降。

　　健康失常的恐懼：擔心疾病和健康問題可能阻礙人們追求更大的目標。

　　愛情喪失的恐懼：這是對於失去所愛之人的恐懼。

　　老年的恐懼：擔心年老帶來的生理和社會限制。

　　死亡的恐懼：對於生命終結的不可避免性和未知性的恐懼。

　　我們必須透過了解並克服恐懼，因這是達成財富和個人成就目標的必要條件。在這章中我會以中國古代所説的「人生八苦」去囊括以上六種恐懼並補充更多不同影響我們人生的恐懼模式，並且以更廣濶及深入的心理學角度去解釋。我們若能以自我反思和實踐來面對這些恐懼，從而釋放內在的潛力，便能將這些恐懼轉化成生命的推動力，從而進一步提升自己的人生。

人生八苦

　　人生八苦分別是：生、老、病、死、愛別離、怨憎會、求不得、放不下。

生苦的恐懼

　　若以佛家思想去解釋，「生苦」就是指生命從出生開始就伴隨的苦。而這裏所指的「生苦」則是指每個人出生時經歷的生產之苦。嬰兒在出生時需通過狹窄的陰道，這過程不僅肉體痛苦劇烈，更伴隨深重的心靈創傷。因為嬰兒正經歷人生首次離別，離開居住了十個月熟悉並安全的母親子宮環境，出生後接觸外界截然不同的溫差，面對世界刺耳的噪音和刺眼光線，即時便感受到肉體帶來的痛苦。並且初生嬰兒要獨立靠肺部呼吸，不能再依靠臍帶吸收養分，更需要被剪去唯一在肉體上與母親連繫的臍帶。此刻嬰兒感到極大的恐懼，因需要離開最熟悉的環境，開始獨自面對未知的人生，首次經歷被母親「離棄」。這種「生」的痛苦極為強大，並深深烙印於這個人的潛意識記憶中，直到每當在人

生中需要離開「舒適圈」時，即離開熟悉的環境時，這種痛苦感受會再度出現。

在心理學上，這是一種突破的苦。「生苦」在潛意識中代表：害怕面對轉變。每個人潛意識中均不想離開原有的安全環境去突破，嬰兒孕育成長的地方就是母親的子宮內，因此這個位置對嬰兒來說是最有安全感的地方。人在本能中只想繼續躲藏在母親的子宮內，子宮在這裏的意思就是指生活中各個舒適圈。人生一旦遇上轉變時，例如首次上學、首次工作，首次離別、首次搬出去獨自居住等，這些轉換都令人感到充滿恐懼。就像當初出生時被迫初次接觸這個世界，還要經歷被剪去臍帶的痛一樣。每當我們在人生中要離開舊有環境時，我們都會感到痛苦和恐懼而不敢突破。若未能控制這種恐懼，甚至會令我們無法離開舒適圈，不敢轉行或創業，不敢離開令自己痛苦的關係，不敢為自己爭取，不敢離開不公平的環境等。這種因害怕逃避而產生的恐懼，就是「生苦」的意思。

生苦真正的恐懼源頭是「害怕轉變」，由這恐懼演生出來的情況會幻化成各種不安感，例如：

- 害怕開展一段新的關係
- 害怕終止一段不開心的關係
- 害怕與家人的關係變化，如孩子長大離家，或拍拖結婚
- 害怕換工作或轉換職業道路
- 害怕搬家到一個新的城市或國家
- 害怕改變生活習慣，例如飲食或運動習慣
- 害怕接受新的思想或信仰

- 害怕放棄熟悉的生活模式或習慣
- 害怕面對人生的重大里程碑，如退休
- 害怕做身體檢測，因不想面對健康狀況的變化

老苦的恐懼

「老」即滅壞，意指盛去衰來的意思。每個人必經日漸老邁，身體各個器官機能漸漸衰退。年青時體力好跑得快，即使再累體能也很容易回復，然而年齡漸長就一日不如一日。年老引起的全面身體衰退，如眼睛老花和皮膚皺紋，類似大自然的循環，樹木也會從翠綠轉為枯黃落葉。這種對衰老的恐懼促使許多人採取逃避行為，如頻繁整容以保持青春，或是拒絕放手控制權和讓位給年輕一代。有不少人年老時突然頻繁追求年輕異性，或增加多個性伴侶，甚至以揮霍金錢及買跑車等外在物去證明仍有能力及地位，其實是反映其內心極度害怕自己從此失去價值。

在心理學上，這是一種害怕失去價值的恐懼。「老苦」在潛意識中認為：若自己失去青春、失去競爭力、失去能力、失去資格等，就會失去機會、失去生存的權利、失去被愛的價值、甚至失去尊嚴等等。人們恐懼自己失去價值，擔心自己在現有環境中失去價值。因大多數心中都有一種信念：當我有價值時，我才能獲得愛，最重要的是值得繼續生存下去。基於這種恐懼，人很容易在受到批評時有情緒的反彈，因潛意識中認為當自己被批評時則代表自己做得不好，沒有價值，變得可有可無。

老苦真正的恐懼源頭是「失去價值」，由這恐懼演生出來的情況會幻化成各種不安感，例如：

- 害怕失去美貌
- 害怕因年紀大失去機會
- 害怕因年紀大被譏笑或歧視
- 害怕失去工作或職業地位
- 害怕失去社會地位或名聲
- 害怕失去財富或經濟安全
- 害怕失去朋友或社交圈子
- 害怕失去健康或身體能力
- 害怕失去智力或記憶能力
- 害怕失去家庭成員的尊重和愛護
- 害怕失去伴侶或愛情關係
- 害怕失去自我實現的機會
- 害怕失去控制感或自主性

這些因害怕「原本擁有而又失去的」恐懼，這就是「老苦」的意思。

病苦的恐懼

人生在世無可避免一定會患上各種疾病，小病如感冒大病如癌症。現今的醫學知識告訴我們，導致一個人患病的原因很多，或因自身抵抗力差、遺傳及基因、細菌或病毒感染、寄生蟲、輻射污染，甚至惡劣生活習慣引起。成長過程中，我們或會到過醫院探望親友，或因故見過一

些在疾病中痛苦掙扎的人，又或是自己親身經歷過因疾病而產生的無能及無助。因此會自然聯想到若有一天自己生病就會變得痛苦而產生恐懼。若疾病變成絕症時負面情緒更強烈，因此長期病患者很容易會生出大量負面情緒，把病患拖進情緒深淵，像等待死亡的囚犯。人類對疾病的恐懼在統計顯示上比死亡更嚴重，普遍大部分人寧願直接面對死亡，也不願在死亡前面對疾病。

　　在心理學上，這是一種對無能感的恐懼。「病苦」在潛意識中代表：無能、無助、絕望。當一個人內心充滿無能感時，就會凡事都不敢去嘗試，因為很怕面對失敗。凡事都會認為自己做不到，這等反應反映內心的自我形象很低。擁有這種恐懼的人，會對現況產生很多憂慮感。很多事情都變得不敢行動，最終容易導致一生一事無成。

　　病苦真正的恐懼源頭是「無能感」，由這恐懼演生出來的情況會幻化成各種不安感，例如：
- 害怕成功或處身於高位
- 害怕被發現自己貧窮的狀態
- 害怕承擔責任或做決策
- 害怕技術或專業能力不足被人發現
- 害怕無法滿足他人期望
- 害怕在公共場合表現不佳
- 害怕學習新技能或適應新環境
- 害怕失敗，尤其是在重要的任務或目標上
- 害怕無法解決問題或處理危機

- 害怕無法保護或照顧家人
- 害怕無法控制自己的情緒或行為
- 害怕無法達到個人或職業生涯的長期目標

這種恐懼在生活或工作上產生無能感的狀態，就是「病苦」的意思。

死苦的恐懼

世上萬事萬物皆有一死，任何人亦無法避免，強如秦始皇傾盡全力尋找長生不死之藥，最終也難逃一死的命運。每個人一出世注定有一天要離開這個世界，在成長中會透過不同形式了解死亡。死亡是一個很神祕的話題，普遍來說大家盡量避談。慢慢死亡就成為一個公開的祕密，大家都不願意面對，卻又不能不面對。死亡對我們來說是一個很重要的符號，代表很多不同的恐懼，例如：限期、孤單、絕望、不能回頭等、一切都將終結等。

在心理學上，這是一種對未來不安的恐懼。「死苦」在潛意識中代表：若處理得不好就會導致死亡。當一個人內心對未來存着很多不安，便會產生出很多焦慮感。對一切未發生的事都會容易出現過分的擔憂，令身邊的人都會產生過大的壓力，同時容易引導自己出現身體的問題，例如：血壓高、心跳過快、失眠、心緒不寧等。

死苦真正的恐懼源頭是「焦慮感」，由這恐懼演生出來的情況會幻化成各種不安感，例如：

- 害怕考試發揮不好
- 害怕天災橫禍
- 害怕身邊的人患病
- 害怕未來的經濟不穩定或財務困難
- 害怕技術或環境的快速變化無法適應
- 害怕突然失去重要人物的支持或認同
- 害怕自己的健康狀況突然惡化
- 害怕社會或政治環境的不穩定對個人生活造成影響
- 害怕孩子的未來不明朗或遭遇不幸
- 害怕自己的隱私被侵犯或暴露
- 害怕因疾病或意外失去身體功能
- 害怕對重要決策後悔或無法撤回

　　這種在「未發生」的事上因焦慮感而產生的恐懼，就是「死苦」的意思。

愛別離苦的恐懼

　　愛別離意即與自己的愛人分離，愛人可指家人、朋友、親人，甚至寵物或物件等，任何在世上與你有情感上連結的人事物若然要分開，對你來說都是愛的割離。若你曾經試過在生命中深愛一個人，而這個人最後在你的生命中離開，你就能體會到愛別離的痛苦。無論是哪種形式離開，痛苦威力亦不會減少。愛別離痛產生的動力在正面發揮時是一種爭取的力量，意為你愛的人願意不惜一切代價付出，害怕被離棄帶來的

痛苦。然而，在負極發揮時你會躲起來自怨自艾，不斷重複經歷反覆痛苦，最嚴重時會跌進放不下苦的循環中，逃避現實，完全失去生命力。

　　在心理學上，這是一種對離棄感的恐懼。「愛別離苦」在潛意識中代表：我不值得被愛，最終我愛的人或愛我的人都會離我而去。

　　愛別離苦真正的恐懼源頭是「離棄感」，由這恐懼而演生出來的情況會幻化成各種不安感，例如：

- 害怕愛人會不忠或出軌
- 害怕我愛的人與另外的人建立更愛的關係，最終把自己丟棄
- 害怕孤獨，擔心一旦愛人離開，自己會陷入無人陪伴的孤獨狀態
- 害怕失去支持，擔心失去愛人後，自己在生活中遇到困難時沒有依靠和支持
- 害怕被遺忘，擔心愛人離開後，自己會被對方和其他人遺忘
- 害怕失去身分認同，因為愛人的存在而形成的身分認同感，一旦愛人離開，會感到自己的價值和身分也隨之消失
- 害怕失去安全感，愛人的存在給予的安全感，一旦失去這種安全感，會感到生活變得不穩定
- 害怕失去與愛人共同制定的未來計劃和夢想，因為對方的離開而無法實現，感到失落
- 害怕失去快樂，因為愛人的陪伴而帶來的快樂，一旦失去這種快樂，會覺得生活變得黯淡無光

怨憎會苦的恐懼

　　怨憎會正是與愛別離相反，你因環境緣故無可避免地要與你認為討厭的對象長期相處，這些對象對你來説是冤家，是害怕、抗拒或有恨仇的人，可是你沒辦法避開，並要經常與他們見面相處。例如一對夫妻關係良好而結婚，過後在長期相處中吵架鬧翻，然而為子女着想不離婚仍天天見面，每天彼此惡言相待；又或僱員雖然與老闆或同事相處不和，可是為了糊口甘願為五斗米折腰，每天和不喜歡的老闆及同事見面，這就是怨憎會。

　　可是在同一件事或同一個人身上，你認為十分討厭的人，或是認為絕不能接受的事，在旁人眼中可能其實並不是這樣認為。榮格（Carl Yung）在心理學上研究指出，其實我們持續討厭任何人事物的特定部分，例如討厭沒有誠信、偽善、虛偽、善變等特質（還有更多暫不詳列），很大程度便是自己的黑影投射（Dark Shadow）。投射的原理，就是假設你在燈光前舉起手指，那麼你手指的影像便會完全清晰地反映在牆壁上。若你舉起五隻手指，牆壁上就會有五隻手指的倒影。投射的意思，就是將過去未完全處理的感受，投射在一段新的關係中。在黑影投射的理論中，若你心中沒有這個陰影（即討厭部分），你在外在世界中便看不到別人擁有這個陰影，因此就不會討厭對方。因此當我們看到別人討厭的部分，則代表我們內心中同時都有此討厭的元素在內。

　　舉個例子，假設你認為全世界大部分人都是狡猾的，並且這種想法是持續出現的，這很有可能就是黑影投射情況，這代表你有可能擁有以

下其中一種黑影投射情況：

第一種：可能是你曾被這種人傷害過，內心未能寬恕對方；

第二種：可能是自己確實也曾這樣做過，並且自己亦未能原諒及接納自己；

第三種：可能是自己有抑壓這種願望，很想做而做不到或不敢做，因此轉換成厭惡感。

以我自己為例，我很討厭一些霸道操控的人，在工作上或生活上若遇上這些人，內心便不自覺對他們產生厭惡感，想保持距離多一點。其實是我在童年時，家人曾對自己很霸道操控，當時自己年紀還小不能反抗，所以在心中留下這種討厭的種子。其次，就是在反思自己時發現，其實我自己也是一個霸道操控的人，令身邊的家人或同事感到很大壓力。開始時我認為自己絕不會是霸道操控的人，可是數據不會說謊，當我坦誠面對自己時，我只好承認我真的有此部分。最後我也發現，當我在閱讀名人自傳時，我其實對一些大企業的人物如喬布斯（Steve Jobs）運用霸道操控的處事方式去帶領蘋果公司，並獲得輝煌的成就感到十分羨慕，我覺得這是很有能力的象徵，可是今天的我卻做不到。在我深入反思後，我便明白這就是我的黑影投射。

若以黑影投射角度去理解，我們就能明白怨憎會真正痛苦之處 —— 人並不接受自己內心存在的陰暗面，因此在日常生活中不自覺將自己內心的陰暗面投射到別人身上，並且我們會對此陰暗面產生濃烈情緒，這種感受源於不能接受自己的不完美一面。每個人都極力去維持

自己的好形象，不希望表現出自己不完美的一面，並透過討厭在不同的人身上看見的不完美來彌補自己內心的差勁，這種巨大的逃避力量來自於怨憎會苦。痛苦感受會令人產生各種負面反應包括：埋怨、藉口、推卸、責備、憎惡、怨恨、抗拒、憤怒等等。潛意識很想與陰影保持距離，在避無可避的情況下若顯露自己不完美的舉動就會產生尷尬，因接受不了別人看到自己的不完美，這些想法都產生極大負面動力做很多令自己及別人痛苦的事。

在心理學上，這是一種對「不接納自己」的恐懼。「怨憎會苦」在潛意識中代表：人生是無奈的，很多討厭事都控制不到，不想去面對。

怨憎會苦真正的恐懼源頭是「無奈感」，由這恐懼而演生出來的情況會幻化成各種不安感，例如：

- 害怕及抗拒要與自己認為討厭的人相處
- 害怕要面對人際相處問題
- 害怕要參加各種陌生的社交聚會
- 害怕在工作上要處理有負面情緒的人
- 害怕去復和各種已破壞的關係
- 害怕去開展新的關係
- 害怕去建立深入關係

求不得苦的恐懼

每個人的生命得以形成，皆因你在眾多精子中脫穎而出，再配合

各種幸運元素後，終於勝出生命第一場比賽因此能正式成為胎兒。每個人的潛意識中都天生擁有競爭心，並明白競爭力代表生存資格，若然失敗就代表會被淘汰、失去資格、失去地位、失去優勢、失去被愛的條件等，更甚是不值得再生存。這種天生的競爭力，在心理學上稱為「爭巢」。意思是在一個鳥巢中，鳥兒爸媽會去尋找食物餵養剛出生的小鳥，由於鳥巢內小鳥眾多，每次爸媽帶回來的食物都不足以餵養所有小鳥，因此每隻初生小鳥都會盡力爭取將頸伸到最高，並且最主動及活躍地爭取父母的注目。只有競爭力最強的小鳥才能每次成功把爸媽帶回來的食物搶到口中，這亦表示只有競爭力最強的小鳥才能繼續生存。因此人習慣明爭或暗鬥與人競爭，競爭的目的並非單純為求勝出，在心理上其實是為能繼續生存，從而生出正面動力。

可是在現實生活中，並不是每次努力付出便能夠一定有收穫。例如在愛情上，若然對方不愛你，就算你再花上千倍努力去爭取，有可能換來的只是對方加倍的討厭或抗拒。就如在創業路上，就算付出很多也不一定能有豐足的成果。在付出後得不到成果，這種痛及恐懼就是「求不得苦」的意思。

在心理學上，這是一種對「得不到」的恐懼。「求不得苦」在潛意識中代表：我一定要得到，我沒可能得不到。

求不得苦真正的恐懼源頭是對「勝出競爭的執着」，由這恐懼而演生出來的情況會幻化成各種不安感，例如：
- 害怕自己的努力被忽視或不被重視

- 害怕自己無法達到他人的期望
- 害怕自己不再被需要
- 害怕付出後自己卻不被注目
- 害怕在關係中得不到回報
- 害怕在團隊中成績落後，失去認同
- 害怕自己的創意和想法被他人盜用
- 害怕自己無法與他人公平競爭
- 害怕自己的努力被誤解或曲解
- 害怕在公開場合中表現失誤
- 害怕自己的能力被他人質疑

放不下苦的恐懼

「放不下苦」是指人們對某些事物或情感的執着，難以釋放或放棄，從而導致心靈上的痛苦和困擾。這種苦涉及對人或物的執着以至不能放下，例如仇恨、對錯、悔恨、歉意、內疚、過失、錯過等等。當人們無法接受現實的改變或失去，就可能感受到這種苦。例如，一個人可能無法放下一段結束的感情、逝去的親人、失去的機會或是改變的生活狀況。這種無法放下的狀態，會使人長時間處於悲傷、焦慮或是怨恨之中。這種執着的力量，將人逼進死胡同，外在力量很難把一個人從放不下苦中救出。執着的人就像雙手掩耳，蓋起雙眼，難以理會其他人的意見，漠視外在一切的角度，只看到自己世界中的角度。他們內心擁有強烈的痛苦，一方面不能接受已經發生的事情，另一方面不斷活在過去中。由於不能放下，以致活在無邊無際的痛苦中不停地折磨自己。

在心理學上，這是一種「不能接受」的恐懼。「放不下苦」在潛意識中代表：我拒絕接受這結果。

放不下苦真正的恐懼源頭是「執着」，由這恐懼演生出來的情況會幻化成各種不安感，例如：

- 害怕要承認原來自己也是有錯失或責任的部分
- 害怕要改變自己一直信奉的信念，承認這些信念可能是錯的
- 害怕要接受新觀點後要原諒對方
- 害怕自己一直堅持的角度是錯的
- 害怕承認自己的錯誤會影響他人
- 害怕放下執着會帶來更差的發展
- 害怕放下執着後，自己會失去動力
- 害怕接受現實，承認現實可能並不如自己所期望
- 害怕放下對過去的執着，承認自己需要前進
- 害怕接受別人的批評，承認自己的行為可能需要改變
- 害怕面對自己的內心，承認自己可能有未解決的問題

轉化恐懼的力量

透過人生八苦，我們能認識到這些影響我們成就的各種恐懼。我們或多或少都會有這八苦中的恐懼，這些恐懼會導致我們失去動力及力量，以致我們容易傾向失敗的人生，即很難達至財富自由，亦很難去成就心中的夢想。並且長時間由這些恐懼充斥內心，會使我們「意念成就現實」不斷生出更多恐懼的事。

　　每個情緒都如一個金幣的兩面，有正有反。意即每個負向情緒背後，都有正向的力量，只要我們懂得專注運用正向力量的一面，我們便能轉化恐懼為人生強大的動能。人生能夠產生源源不盡的動力的來源只有兩種，分別就是「追求快樂的力量」以及「逃避痛苦的力量」，在第 11 章〈提升動力〉中我們詳細講解了追求快樂的力量。在這裏我們便探討逃避痛苦的力量。只要能好好轉變這種動力，我們的人生便能持續向前推進，不需任何人逼使的情況下，都有足夠的自發動力去達成目標。

八種逃避痛苦的力量

生苦的轉變

　　在「生苦」之中的核心情緒是「恐怕轉變」，基於這種恐懼，我們很容易便會停留在舒適圈中。因此我們要主動去轉變，這是每個成功人士必經的突破之路。每年要檢視自己的現況，若發現已經連續兩年至三年停留於同一現況中，例如收入沒有增長、知識及眼界上沒有擴濶、人生目標達成進度上未如理想等，便要主動迫使自己去轉變。這種轉變可以是尋找人生教練去協助，也可以是藉着上堂提升自己。透過不同的老師，讓自己的心（非頭腦）去建立想再向前進步的心。

　　世界每天千變萬化，每天轉變已是常態。可是若我們跟不上轉變速度，我們便會跌進被世界淘汰的邊緣。因此要主動去轉變，無論是心態上、知識上、思維上、選擇上以及行動上，都要使用理性的數據去做量

度及統計，每年年尾時請習慣做年度總結，以檢視自己這一年的進步，並作出來年目標上的修正，迫使自己主動去作生命的轉變，這便是運用「生苦」轉移動力的方法。

老苦的轉變

在「老苦」之中的核心情緒是「恐怕失去價值」，基於這種恐懼，我們會拼命去維持自己原有的狀態，生怕自己的能力慢慢減退。由於這種動力，我們本身已經很有行動力去行動，只是在行動上或許不是最有智慧的選擇。例如一個女士害怕自己會年老失去原有的美貌，因此以為這樣便會失去自己的價值，不再有人愛自己，並覺得自己很差等。由於這種恐懼的推動，這女士每天都會花費大量金錢去做美容及化妝，去買更多美麗的衣服去裝扮自己，去學更多拍照時的動作，去令到每張相的構圖都充滿美感。甚至為每張放在社交平台的相片，都精心修圖一番。更甚的便是透過整容的手術，去令自己顯得仍然青春美麗。這種推動力背後源自「老苦」的恐懼，若能運用這些動力去推動自己在事業上有更大成就，使自己能承擔起這些高昂的消費，也是其中一種轉移動力的方法。

更有智慧的方法，便是修改自己核心的價值觀。我們要接受人必定會老化這個事實，一般來說我們不是接受不了老化，只是接受不了「因老化而帶來的自卑」。人在年過 40 歲後，眼球自然會老化開始有老花的現象；年紀大之後，會容易出現骨質疏鬆的情況，也會出現關節退化等情況。這一切都是無可避免的生態現象，就像你收到一束玫瑰花後，就算開始時覺得很美，可是幾天後也逃不過枯萎的命運。只要我們建立

更有智慧的價值觀，便能不受「老苦」的恐懼影響。例如預備自己優雅地老去，珍惜人生每一個階段的日子。為自己建立知識及智慧，因為這些不會因年老而失去，反而愈長的時日會磨練出更耀眼的光芒。既然「老苦」的恐懼是如此的大，也令我們知道要與時間競賽，倒不如轉移為建立這類不會因年紀大而失去的位置。讓自己運用動力立即去行動，這便是運用「生苦」轉移動力的方法。

病苦的轉變

在「病苦」之中的核心情緒是「恐怕無能感」，基於這種恐懼，我們很多事情都不敢去做，因不想顯露自己的無能感。「病苦」以身體健康為例，若往負極發揮，就會出現逃避現象例如患病時不肯看醫生，不願意進行身體檢查，幻想自己健康，活在幻想之中。這種負面狀態正由於對病後無能的恐懼，以致從身病演化至心病。往正向時發揮，正如注重健康生活習慣、運動及飲食，同時亦尋找各樣增進健康的保健品增強健康，避免生病造成痛苦。「病苦」若以事業為例，當一個人為了逃避無助、無能、絕望等痛苦感受，就會生出許多動力。例如會在機會臨到時，會選擇逃避，因生怕被人看出自己的無能。也會經常找出各種理由及藉口，證明自己不能參與，其實內心是害怕若然自己全力以赴後仍然失敗，別人便會知道自己的無能。

其實我們不可能是全才，你有你的強項，同時我亦有我自己的強項，懂得運用互補才是智慧。我們無須經常都呈現很強的形態，反而學懂接受自己的弱軟，願意承認自己在能力上有不足的地方，主動去尋求

幫助，反而更能助我們達成目標。學懂軟弱的力量，便能明白不用事事逞強，反而能令我們與人際的關係更進一步拉近，過程中更能感受到愛的流動。讓自己運用軟弱的力量，這便是運用「病苦」轉移動力的方法。

死苦的轉變

在「死苦」之中的核心情緒是「對未來的不安」。死亡對我們來說代表最終限期，每時每刻提醒我們需要在世上做甚麼重要的事。因此在潛意識之中，每個人對限期都有一定恐懼。因心底渴望逃避恐懼就會產生極大的推動能力，所以人每每在考試前一晚都最用功溫習，臨近暑假完結那幾天最有動力完成暑期作業，這就是限期的威力。懂得好好發揮限期威力的人，就能推動自己充滿力量去完成事情。在事業上若能設定不同的死線限期，便自然會產生動力。因此我們必須先有勇氣去替自己設定限期，或是運用他律去替自己設定限期，這樣便能啟動這種恐懼而來的動力。

另一方面，我們能借助「對未來的不安」這種恐懼，令自己居安思危，為未來做足更好的預備。因此我們不要只停留在驚的情緒中而不行動，反而借助這份恐懼的巨大力量，去推動我們以行動去解除這份不安，這便是運用「死苦」轉移動力的方法。

愛別離苦的轉變

在「愛別離苦」之中的核心情緒是「恐怕離棄感」，基於這種恐懼

我們很多時在關係中反而會先去放棄離開，為讓自己的心被保護，在別人選擇離棄自己之前，已主動離開。在未能觸發愛別離的痛苦前，人不會產生太大動力。可是若感到離棄感的恐懼，便會生出巨大動力。這便是為何情侶在分手邊緣才會產生巨大動力挽回關係，也正是為何剛開始拍拖未穩定時會作很多山盟海誓的原因。你會對很久不見的親人感受不深，若知道他們快將離世時便會產生很多感受，也正因為觸發「愛別離苦」的痛楚，而在痛苦感覺減退後，動力便會大幅減弱。

當我們的價值觀認為：「若對方離開我，我便會很痛苦。」這種想法會令我們跌進深淵之中，這是一種被動的愛，因為對方是否決定愛自己，則決定了自己的快樂程度。若我們愛的人不幸離世，我們更是一落千丈，跌去無底深潭之中。每當有我們愛的人在我們生命中離開，痛苦難過是無所避免的，這是很正常的事。只是會否容許自己沉醉於這種哀傷之中就是我們的選擇。當我們主動去愛，我們的愛便是由我們去出發，我們能取回生命的主導權。我們無法控制生命的長度，也無法預知彼此的緣分有多遠，然而我們可以選擇珍惜每個當下，享受每次愛的交流互相，這便是運用「愛別離苦」轉移為動力的方法。

怨憎會的轉變

在「怨憎會苦」之中的核心情緒是「無奈感」，基於這種無法掌握的情緒，我們會對很多事都失去動力，認為自己沒可能轉變到這種環境。在這種苦之中的人有兩種很主要的情緒，第一種是厭惡的情緒，第二種就是無奈的情緒。兩種情緒把我們拖至痛苦的位置中，不斷折磨我

們的鬥志。我們很容易會認同我們是無能力改變引致我們厭惡的成因，這些因素可能是：工作環境、政治環境、經濟狀況、人、家庭氣氛等。我們每日身處於這些環境之中，並且也感到厭惡及辛苦，可是卻甘願認同這是無法轉變的狀態，因此生出濃烈的無奈感。

透過怨憎會苦，我們每次遇上厭惡感時，便要以黑影投射去認識更多自己內心。未處理的生命課題只會重複出現，直至我們面對為止。每個令自己感到討厭的人，其實都是自己成長的機會。另一方面，我們也需要裝備正面思維，去解除自己原有的限制性思維。真正令我們痛苦的不是其他人事物，而是我們這種想法。若我們相信自己能突破這種無奈的環境，我們選擇並不會默默去承受這種痛苦，反而用力去創造更理想的環境，這樣我們生命才能達成更大的成就與目標，這便是運用「怨憎會苦」轉移為動力的方法。

求不得苦的轉變

在「求不得苦」之中的核心情緒是「恐怕得不到」，基於這種恐懼我們會拼命地去爭取外在的成果。這是一種最有動力的苦，因此在人生中得到成就的機率是大的。人生於世界上有基本的動物需求，例如各種生理需求，能維持基本生存及繁殖後代的能力。可是，人類並非只追求生存，更追求精神上的需要。更追求超越物理條件的需求，有精神上的需要，需要精神食糧以維持生命力。精神需要包括需要他人關愛、外界尊重、被需要、被肯定的感覺等，這些欲念基本上由渴求「父或母的愛」中演變出現，並幻化成不同形態，心理學上此現象稱為「移情」。例如

若一個人很渴求父親的愛而內心認為得不到滿足，潛意識中會把父親的形象（潛意識中父親代表權威）轉移到不同的人身上，如男性老師、上司、年紀較自己大很多的男性等，不斷追求移情對象的愛及接納，來彌補內心中對父親未能滿足的愛。

這種強大的推動力量便來自「求不得」的痛苦而產生的恐懼。上述例子描述求不得父母親的愛而極力追求以產生動力，這種因求不得的追求會終此一生不斷以不同形態出現，例如你會以為不斷做一些事就能獲得父親或母親欣賞及愛護，如小時候學習爭取好成績以證明自己成就，長大後努力工作賺取名譽和金錢等。當心靈上的需要得不到滿足時，就會產生極大的心理不適，除會讓人做出不智行為外，更會對生命造成各種破壞，輕則產生不舒服的情緒導致生活失去平衡；中則破壞人際關係及事業；重則引起各種病變如情緒病等。既然這個恐懼本身已有極大的動力，我們要學習的便是專注於自己已得到的部分，不要只看事情上自己得不到的部分。我們要懂得有智慧去設定目標，可是卻要放下對目標預設的期望，並在過程中盡情創造，享受每個當下的經歷，感恩已有的一切成果，這便是運用「求不得苦」轉移為正向動力的方法。

放不下苦的轉變

在「放不下苦」之中的核心情緒是「拒絕接受」，基於這種情緒我們會跌進各種折磨自己的情緒中，如不能原諒對方的憤怒、不能釋懷的傷悲、不能接納自己的內疚等。其實這是跌進頑固思維的狀態，認為自己的角度是絕對正確，並且現況已觸碰到自己核心的價值觀，所以不能

輕易轉變。無可否認，若果有人對自己做錯事，並且傷害得自己很深，在情在理上都有充分的數據證明對方是理虧，我們很難原諒對方也是人之常情。若是因自己的錯失而影響到別人，甚至是不能挽回的重大缺失，我們很難原諒自己，難免一生都帶着巨大內疚。

這種狀態是令我們痛苦的巨大源頭，令我們很難走出情緒的低位。可是能否走出來，其實全憑我們的一念。當我們有一些難以釋懷的執着，很值得透過這個機會去反思自己是否正處身於「放不下苦」之中。我們要學習轉變心念，不是因為對方道歉或是做了甚麼所以值得被原諒，因原諒對方是一種選擇，並且這選擇是一個過程。我們不會因選擇原諒對方，因此就沒有一切情緒，然而這是一個選擇，並且是一個過程。我們要承認在人生之中，每個人難免都會做錯事，並且我們都渴望一切無條件的原諒。原諒不代表沒有代價，包容及理解不代表同意他的過錯。因為聖人都有過去，罪人都有將來。當我們能建立這種心念，我們才可有原諒別人、接納自己的心，並讓自己由「放不下苦」中釋放出來，這便是運用「放不下苦」轉移為正向動力的方法。

轉化恐懼的總結

拿破崙‧希爾博士在其著作中探討的「六種恐懼」揭示了對貧窮、批評、健康失常、愛情喪失、老年和死亡的深層恐懼，這些恐懼被認為是阻礙個人成功的主要心理障礙。這些心理障礙深刻影響人的行為和決策，限制了個人的潛能和生活質量。

　　將這些現代心理學的觀點與傳統的「人生八苦」相結合，我們可以發現兩者在解釋人類痛苦和恐懼的根源上有着相似之處。人生八苦包括生、老、病、死、愛別離、怨憎會、求不得、放不下，這些都是人生中難以避免的苦痛經歷，每一種苦都與深層的心理恐懼相關聯。

　　例如「生苦」和「老苦」反映了人們對生命變化的恐懼以及對失去青春和健康的擔憂；「病苦」則與健康失常的恐懼相關，揭示了人們對脆弱性和死亡不可避免性的意識。愛情喪失的恐懼與「愛別離苦」相呼應，展示了人們對親密關係的依賴和失去愛人時的痛苦。老年的恐懼與「老苦」相對應，涉及對衰老過程中失去活力、健康和社會地位的恐懼。最後，死亡的恐懼是人類最根本的恐懼，涵蓋了對未知的恐懼和對生命終結的抗拒。

　　透過理解這些恐懼和苦痛，我們可以學習如何面對並轉化它們。正念冥想可以幫助我們更客觀地看待自己的思想和情緒，學會從中退一步，不被它們所左右。此外，認知行為療法等心理治療方法教導我們如何識別和挑戰那些不合理的恐懼和信念，從而減少它們對我們行為的影響。

　　透過這章的學習，我們不僅增加了對自身恐懼的認識，也學會了如何利用各種工具和策略來克服這些恐懼，釋放我們的潛能。這是一個持續的過程，需要時間和勇氣，最終一定能夠帶給我們更大的個人自由和生活的滿意度。這些恐懼一旦被理解和轉化，更能成為推動我們向前的力量，使我們能夠達成更高的個人成就。

後記

親愛的讀者：

感謝你花時間閱讀了這本書。在這段旅程中，我們共同探索了拿破崙·希爾博士的成功心法，並深入了解了如何運用這些理論來提升我們的人生和財富。希望這些內容能為你帶來啟發，讓你在人生道路上找到方向和動力。

學習的過程並不僅僅是閱讀和理解，更重要的是將所學應用到實際生活中。每一章節所探討的心法和理論，都是經過無數成功人士親身驗證的智慧結晶。要真正從中受益，我們需要反覆閱讀、思考，並在生活中具體運用。

反覆閱讀　深入思考

首先，我強烈建議你定期重讀這本書。每次閱讀，你都會有不同的體會和領悟。隨着時間的推移，你的經驗和知識會不斷增長，對書中內容的理解也會更加深入。每一次重讀，都能讓你發現新的啟示和靈感。

實踐應用　持續改進

其次，將書中的心法應用到你的日常生活和工作中。無論是訂立目標、執行計劃，還是面對逆境時保持積極心態，這些都是可以立即實踐的技巧。當你遇到困難或挑戰時，不妨回顧書中的內容，尋找解決問題的方法。

建立自律　保持動力

自律是成功的重要因素之一。每天堅持學習和實踐，不斷提升自己的能力和知識。即使遇到挫折，也不要輕言放棄。記住，成功從來不是一蹴而就的，而是需要持之以恆的努力和堅持。

與人分享　共同成長

最後，請多與他人分享你的學習心得和經驗。通過交流和討論，你可以加深對書中內容的理解，同時也能從他人的角度獲得新的啟發。建立一個支持你的學習和成長的社群，大家共同進步。

最後希望這本書能為你人生中帶來一點啟迪，助你走向更高的成就和夢想。願你能夠學以致用，不斷進步，實現自己的人生目標。

祝你成功！

葉俊傑 Arthur

□ 責任編輯：蔡志浩
□ 筆錄及整理：陳凱彤
□ 策　劃：林藹廷
□ 裝幀設計：高林
□ 封面設計：蔣愛靜　李羽笙
□ 排　版：楊舜君
□ 印　務：劉漢舉

超譯思考致富

□
作者
葉俊傑

□
出版
非凡出版
香港北角英皇道 499 號北角工業大廈一樓 B
電話：(852) 2137 2338　傳真：(852) 2713 8202
電子郵件：info@chunghwabook.com.hk
網址：http://www.chunghwabook.com.hk

□
發行
香港聯合書刊物流有限公司
香港新界荃灣德士古道 220 - 248 號
荃灣工業中心 16 樓
電話：(852) 2150 2100　傳真：(852) 2407 3062
電子郵件：info@suplogistics.com.hk

□
版次
2024 年 7 月初版
2024 年 11 月第三次印刷
© 2024 非凡出版

□
規格
16 開（210 mm × 150 mm）

□
ISBN
978-988-8862-68-9